오늘도 잠 못 드는 그대에게

오늘도 잠 못 드는 그대에게

평온하고 행복한 밤을 위한 50가지 마음챙김 연습

알린 K. 엉거 지음 | 정지현 옮김

아티젠
artizen

Picture credits 2–3 (and side detail throughout book) Kryvushchenko/Shutterstock 6 MarkVanDykePhotography/Shutterstock 9 Bellephoto/Shutterstock 11 VeryOlive/Shutterstock 12–13 Robusta/Shutterstock 15 tgergo/Shutterstock 16 Igor Zh./Shutterstock 18 M. Pellinni/Shutterstock 21 Robusta/Shutterstock 22 vitalez/Shutterstock 24 onnachai Palas/Shutterstock 26 leksandr Kutakh/Shutterstock 28 Mostovyi Sergii Igorevich/Shutterstock 30 science photo/Shutterstock 32–33 Sergej Razvodovskij/Shutterstock 34 Arina P Habich/Shutterstock 36 bouybin/Shutterstock 39 Triff/Shutterstock 40–41 balabolka/Shutterstock 42–43 Robusta/Shutterstock 45 LittleStocker/Shutterstock 46 Maly Designer/Shutterstock 48 Daniel Gale/Shutterstock 50 Mostovyi Sergii Igorevich/Shutterstock 52 ags1973/Shutterstock 54 nanka/Shutterstock 55 Robusta/Shutterstock 56 aopsan/Shutterstock 58–59 Wesley Cowpar/Shutterstock 60 Willyam Bradberry/Shutterstock 62 joesayhello/Shutterstock 64 RazoomGame/Shutterstock 66 spaxiax/Shutterstock 67 Robusta/Shutterstock 69 Jane_Lane/Shutterstock 70–71 Robusta/Shutterstock 73 Iakov Filimonov/Shutterstock 74 Dudarev Mikhail/Shutterstock 76 topten22photo/Shutterstock 78 Sandor Jackal/Fotolia 80 Tischenko Irina/Shutterstock 82 Robusta/Shutterstock 84 Anibal Trejo/Shutterstock 86–87 Subbotina Anna/Shutterstock 88 ml1413/Shutterstock 90 Makarova Viktoria/Shutterstock 93 Triff/Shutterstock 94–95 tets/Shutterstock 96–97 Robusta/Shutterstock 99 Grisha Bruev/Shutterstock 100 belkos/Shutterstock 102 Robusta/Shutterstock 104 www.BillionPhotos.com/Shutterstock 106 Stefano Garau/Shutterstock 108 optimarc/Shutterstock 110–111 Petr Jilek/Shutterstock 112 Robusta/Shutterstock 115 Ira Mukti/Shutterstock 116–117 Robusta/Shutterstock 119 leungchopan/Shutterstock 120 Ricardo Reitmeyer/Shutterstock 122 BAGCI/Shutterstock 124 Petr Kopka/Shutterstock 126 Vibrant Image Studio/Shutterstock 128–129 Arjan van Duijvenboden/Shutterstock 130 duangnapa_b/Shutterstock 132 Vixit/Shutterstock 135 tets/Shutterstock 136–137 Robusta/Shutterstock 139 AlinaMD/Shutterstock 140 hxdyl/Shutterstock 142 MaraZe/Shutterstock 144 Valeriy Lebedev/Shutterstock 147 aopsan/Shutterstock 148 bikeriderlondon/Shutterstock 150–151 Stephanie Frey/Shutterstock 152 Elina Manninen/Shutterstock 154 MarcelClemens/Shutterstock 157 liskus/Shutterstock 158–159 Robusta/Shutterstock

Cover: Kryvushchenko/Shutterstock

CONTENTS

잠의 문이 열립니다

잠은 불가사의합니다. 삶에서 매우 큰 부분을 차지하지만 우리는 그 과정이나 기능에 대해 잘 모릅니다. 잠을 자지 않고 살 수 없고, 잠이 삶의 즐거움 중 하나임을 잘 알지만 아이로니컬하게도 정작 잠의 경험은 무의식적으로 이루어집니다. 하지만 잠이 우리의 몸과 마음을 위로해준다는 사실은 본능적으로 알고 있습니다.

자는 동안, 우리의 뇌는 많은 일을 합니다. 새로운 지식을 분류하고 분석하고 문제를 해결하고 전략을 만드는 식입니다. 아기가 잠을 많이 자는 것도, 경험에 비해 처리해야 할 데이터가 많아서일 것입니다. 자고 났더니 골치 아픈 문제의 해답이 나왔던 적이 한 번은 있으시죠? '하룻밤 자면서 생각해보기'는 꽤 괜찮은 문제 해결법입니다.

잠은 왜 필요할까요?

우리의 몸은 신비롭습니다. 어둠이 내리면 자도록 설계되어 있는 것입니다. 잠의 전령사는 '멜라토닌'이란 호르몬입니다. 이 호르몬은 어두워지면 분비되고 햇빛이 나오면 생산을 멈춥니다. 아무 문제가 없다면 우리는 해가 지면 자고 해가 뜨면 일어날 수 있습니다. 그런데 호르몬의 신호를 무시하고 자연의 수면 패턴을 거스르면 결국 문제가 생깁니다. 야간 근무자들에게 수면 문제는 아주 흔하게 발생합니다. 밤에 환하게 불 밝힌 방에서 밝은 화면을 들여다보게 만드는 현대문명 역시 수면장애의 원인입니다.

수면 전략

정말 다행히도, 잠의 문제는 해결이 가능합니다. 대부분은 약물치료가 필요하지 않고, 문제가 발생할 때마다 다양한 방법으로 대처하는 것만으로도 충분합니다. 이 책에는 그런 전략이 50가지나 소개되어 있습니다.

책에 나온 방법 중 다수는 '시각화VISUALIZATION'를 이용합니다. 오래 전부터 운동선수들이 즐겨 사용해온 방법, 즉 홈인원을 기록하거나 페널티킥을 성공시키는 모습을 머릿속에 생생한 모습으로 그려보는 것입니다. 최근의 뇌과학은 '심상MENTAL IMAGERY'을 떠올리는 것이 행동을 계획하고 집중하고 통제하는 데 긍정적 영향을 미친다는 사실을 밝혀냈습니다. 이 책의 50가지 방법은 '감정뇌 훈련EBT', '인지행동치료CBT', '마음챙김에 근거한 스트레스 완화MBSR'라는 3가지 이론에 근거합니다.

그럼에도 불구하고
병원을 찾아야 할 때

수면 문제의 대부분은 이 책에 수록된 방법처럼 스스로 해결할 수 있습니다. 하지만 심한 코골이나 위산 역류, 하지불안 증후군, 몽유병 등의 증상이 있다면 병원을 찾아서 전문가의 견해를 들어봐야 합니다. 반드시 치료가 필요한 질병이 유발한 수면장애일 수도 있기 때문입니다.

수면의 다섯 단계

잠은 어떤 단계들로 이루어지는 하나의 사이클입니다. 한 사이클은 시작부터 완료까지 약 90분이 소요되므로, 우리는 하룻밤에 4~6회의 수면 사이클을 거친다고 할 수 있습니다. 수면 사이클의 각 단계는 다음과 같습니다.

1 **얕은 수면**: 수면 주기의 시작 단계입니다. 근육활동이 줄어들지만 간혹 경련이 일어날 수도 있습니다. 깨기가 가장 쉬운 단계이기도 합니다.

2 **리얼 수면**: 제대로 무의식 상태에 접어들고 물리적 환경과 단절되는 상태입니다. 호흡과 심박수는 규칙적이지만 체온이 떨어지기 시작합니다.

3 **깊은 수면**: 몸이 완전한 휴식 상태가 되고 혈압이 떨어집니다. 뇌에서는 진폭이 높은 뇌활동이라 할 수 있는 델타파가 나오는데, 델타파는 성장호르몬을 자극하고 잠자는 동안 기억을 형성하는 데 중요한 역할을 합니다.

4 **회복 수면**: 심박수와 호흡수가 가장 낮은 단계입니다. 성장과 근육을 발달시키는 호르몬이 분비되고 몸의 자가 치유가 이루어지는 시간입니다. 연구에 따르면 상처는 깨어 있을 때보다 잘 때 더 빨리 치유된다고 합니다.

5 **렘REM 수면**: REM은 '급속 안구 운동rapid eye movement'의 줄임말로, 눈꺼풀 속에서 눈이 빠르게 움직이는 상태를 말합니다. 마치 어떤 장면을 '지켜보는' 것처럼 말입니다. 렘 수면이 이루어질 때 우리는 꿈을 꿉니다. 그런데 신기한 것은 이 단계에서 깨어나면 대부분 꿈을 기억한다는 사실입니다.

잠을 부르는 매직 토크

책장을 넘기다 보면,
군데군데서 '매직 토크'를
발견할 수 있습니다.
메시지가 잠재의식 깊이
각인되도록 해주고,
자신에 대해 긍정적 시각을 갖도록
도와주는 짧은 문장입니다.

감정뇌 훈련 *EBT*

EBTEMOTIONAL BRAIN TRAINING 이론에 의하면, 우리에게 스트레스를 일으키는 많은 요인들이 '감정뇌'라 불리는 곳에 위치한다고 합니다. 감정뇌 훈련은 '자기조절'과 '순환CYCLING'이라고 알려진 과정을 통해, 부정적 감정을 재설계하고 그것을 긍정적 감정으로 바꿀 수 있다고 가르칩니다. 감정뇌 훈련은 잠이 주는 선물을 발견하도록 도와주고 부정적 감정의 스트레스에서 벗어나게 해줌으로써 수면 문제를 해결합니다.

인지행동치료 *CBT*

CBTCOGNITIVE BEHAVIORAL THERAPY는 우울증, 중독, 불안 등 다양한 정신적 문제를 치료하는 데 사용됩니다. 생각과 감정이 행동에 영향을 미친다는 사실을 이해하게 해주는 것이 중요한 역할입니다. 인지행동치료를 통해 생각과 감정의 부정적 패턴을 찾아 수정함으로써, 스스로 행동에 긍정적 영향을 미치는 방법을 배우게 됩니다.

마음챙김에 근거한 스트레스 완화 *MBSR*

MBSRMINDFULNESS-BASED STRESS REDUCTION는 마음챙김 명상에 요가 기법을 더한 것으로 자신의 마음과 행동을 초연하게 관찰하는 흥미로운 방법입니다. 마음챙김은 오롯이 '지금' 일어나는 일에만 집중하라고 합니다. 과거는 지나갔고 미래는 오지 않았으므로 존재하는 것은 '지금'뿐입니다. 또한 마음챙김은 '내가 틀렸어, 난 바보 같아'처럼 자신을 판단하지 말라고 합니다. MBSR는 걱정과 우울로 잠 못 이루는 사람들의 스트레스를 줄여줍니다.

이 책은 앞의 3가지 접근법을 모두 활용합니다. 단독으로 쓸 수도 있고 두 가지 이상을 함께 쓸 수도 있습니다. 천천히, 그리고 다양한 방법을 시도하면서 자신에게 가장 잘 맞는 것을 찾아보시기 바랍니다. 실험정신을 발휘해 책에서 예시하는 '심상'을 자신이 좋아하는 이미지로 바꿔 볼 수도 있습니다. 당신은 곧 몸과 마음이 고요해져 숙면을 취하게 될 것입니다.

단잠을 자는 고양이처럼 마음을 진정시켜주는 이미지를 떠올리면 몸이 이완되면서 잠에 빠져들기가 한결 쉬워집니다.

잠, 너무나
소중한

미국 국립보건원US NATIONAL INSTITUTES OF HEALTH에 따르면, 미국 성인의 약 3분의 1이 수면장애를 겪는다고 합니다. 스트레스, 집에까지 가져오는 일거리, 밤늦게 하는 게임이나 SNS 등으로 불면증이 거의 전염병 수준에 이르렀다 하겠습니다.

인지행동치료 및 수면 전문가들은 올바른 '수면 원칙SLEEP HYGIENE'을 통해 누구나 개선이 가능하다고 합니다. '수면 원칙'이란 임상적 표현인데, 우리가 중요한 일을 미리 준비하듯 잠 잘 준비를 한다는 의미입니다. 잠이 잘 오는 공간으로 침실 꾸미기, 저녁에는 조용히 휴식하기, 과도한 알코올이나 과식 피하기 등이 여기에 해당됩니다. 지금부터 앞에서 소개한 3가지 기법에 근거한 다양한 솔루션을 알려드리려고 합니다.

01 어둠을 사랑하기

어둠 속에 있는 것보다 수면에 효과적인 방법은 없습니다. 밤은 우주가 건네는 '굿나잇' 인사입니다. 어둠이 내리면 우리 몸속에서 잠을 유도하는 호르몬인 '멜라토닌'이 분비되기 시작합니다. 아래의 3가지 방법을 이용하면 자연스럽게 어둠을 받아들일 수 있습니다.

1 저녁에는 집안의 조명을 너무 밝게 하지 마세요. 천장에 있는 전체 조명은 끄고 은은한 등을 켜두거나, 디머(조도 조절기)를 사용해도 좋습니다.

2 조용하고 편안한 음악을 듣습니다. 저녁에 들을 만한 음악 리스트를 미리 만들어두길 권합니다. 방안에서 마음챙김 호흡이나 간단한 요가 동작을 하는 것도 좋습니다.

3 겨울이라 밖이 깜깜하다면 어둠을 핑계 삼아 일찍 잠자리에 들어 보세요. 다른 계절이라면 편안하게 앉아서 머릿속으로 그림을 그리면 됩니다. 차가운 밤공기, 총총 떠 있는 별, 나뭇가지 위의 부엉이, 밤하늘을 우아하게 항해하는 초생달…

이 방법이 필요할 때

매일 밤마다 어둠과
함께할 수 있도록 노력하세요.
결국 몸도 암시를 알아채고,
잠자리에 들기 전부터
졸음이 쏟아지는
리액션을 해줄 것입니다.

02 휴식의 강

우리는 깨어 있는 동안 늘 긴장하고 있습니다. 그러다 보니 몸을 편안하게 이완시키는 방법조차 잊어 버렸습니다. 하지만 잠을 잘 자려면 '이완'이 매우 중요합니다. 지금 소개할 기법은 인지행동치료에서 유래되었는데, 근육 부위들을 팽팽하게 긴장시켰다가 긴장을 풀어주면서 몸 전체로 나아가면 됩니다.

1 편안한 의자를 준비하세요. 바닥에 누워서 하면 잠이 들어버릴 수도 있기 때문입니다. 지금 우리가 배우려는 것은 깨어 있을 때 몸의 긴장을 푸는 방법입니다.

2 먼저 눈을 감고 몇 차례 심호흡을 한 후, 두 손의 근육에 집중하세요. 숨을 들이마시면서 양쪽 주먹을 꽉 쥐고, 그대로 5초 동안 유지하면 됩니다.

3 숨을 내쉬면서 손의 힘을 푸세요. 마치 흘러가는 강물처럼 손에서 긴장이 흘러나가도록 하면 됩니다. 호흡을 계속하면서, 5초 동안 손에서 긴장이 흘러나가는 느낌에 집중하세요.

이 방법이 필요할 때

매일 잠자리에 들기 10분 전,
그리고 잠에서 깬 후가 좋습니다.
그동안 몸에 쌓인 긴장과
스트레스가 풀리는 것을
쉽게 알아차릴 수 있습니다.
이 연습을 습관처럼 할 수 있으면,
더이상 몸이 불안에 영향을
받지 않으므로 더욱 편안하게
잠들고 깰 수 있습니다.

4 지금부터 다른 근육을 이완시킬 텐데 먼저 발가락부터 시작합니다. 숨을 들이마시면서 발가락을 앞으로 구부려 동그랗게 만들고 이 상태에서 5초를 유지하세요. 다음엔 숨을 내쉬면서 원상태로 돌아가면 됩니다. 폭포수가 쏟아지는 모습을 떠올리면서, 5초간 몸의 느낌에 주의를 집중하세요.

이 방법이 필요할 때

이 방법은 불안을 다스릴 때
도움이 되지만,
처음에는 침착한 상태에서
연습해야 합니다.
그래야 방법을 익히기가
쉽기 때문입니다. 습관으로
자리 잡은 후에는 불안이나
긴장감이 느껴질 때마다
시도해보세요.

5 이제 위쪽으로 올라가 각 신체 부위의 근육을 '5초 긴장, 5초 이완'시킵니다. 종아리(발가락을 천천히 위로 들어서), 허벅지, 엉덩이, 복부, 가슴(숨을 깊이 들이마셔서), 팔, 어깨, 목(어깨를 들어올려서), 입, 눈(꽉 감아서), 이마(눈썹을 치켜 올려서) 부위를 모두 긴장시켰다가 이완합니다.

6 몸 전체의 긴장과 이완이 끝나면, 몸이 얼마나 편안해졌는지 살펴봅니다.

7 이 연습이 익숙해지면 몸을 직접 긴장시키지 않고, 마음으로만 근육을 이완시키는 연습을 합니다.

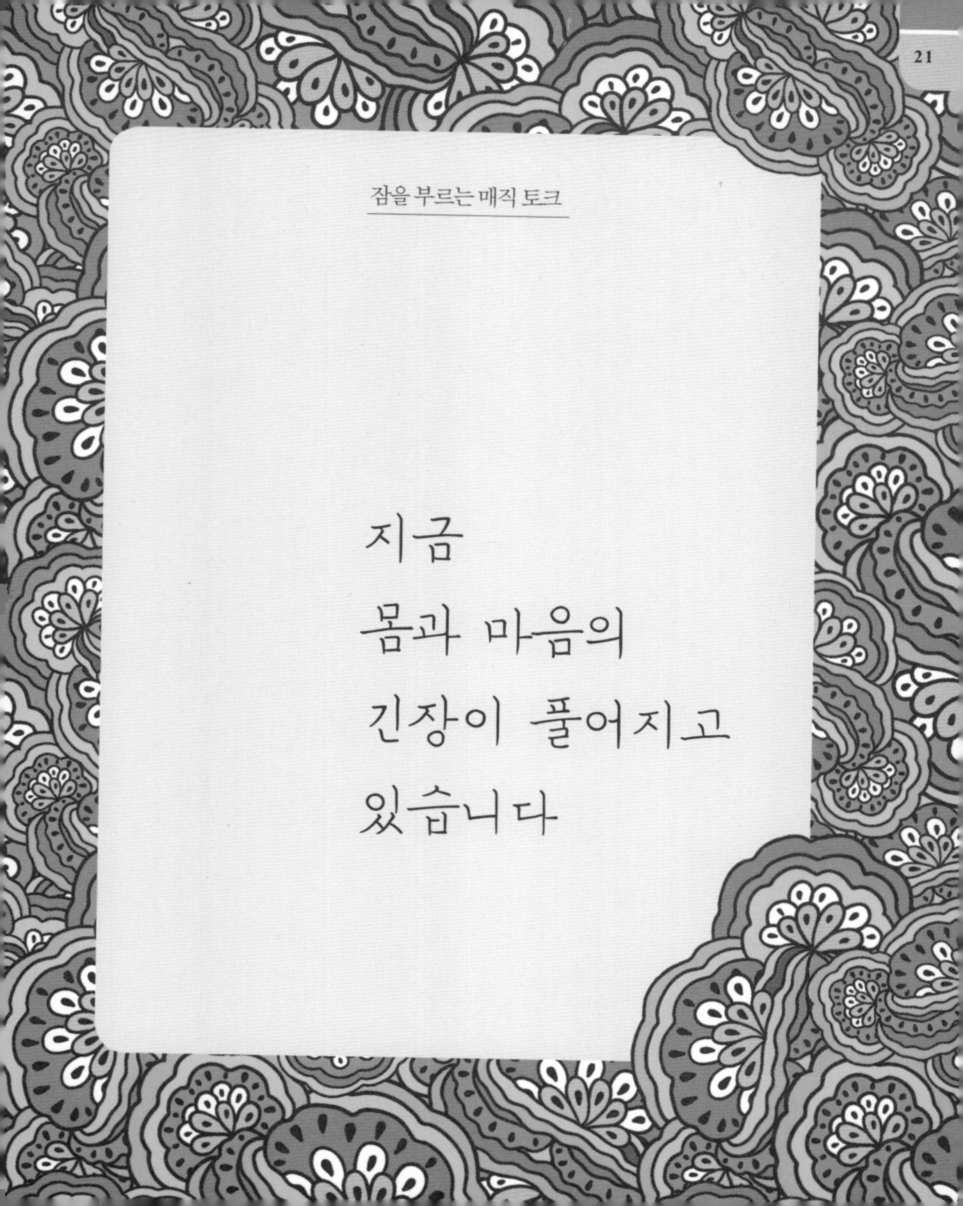

지금
몸과 마음의
긴장이 풀어지고
있습니다

03 잠을 위한 성소

전문가들은 침실 때문에 숙면을 취하지 못할 수도 있다고 조언합니다. 지금 소개할 방법은 감정뇌 훈련을 침실에 적용시킨 것입니다. 당신의 침실은 열대 지방의 해안처럼 매력적이고 평화로운 곳이 되어야 합니다.

1 시간이 여유로울 때 당신의 침실로 가서, 마치 그곳을 처음 보는 것처럼 둘러보세요.

2 그곳이 깔끔하게 정리되어 있나요? 그렇지 않다면 이 부자리를 정돈하고, 옷은 옷장에 넣고, 침실에 있어서는 안 될 것들은 제자리를 찾아주세요.

3 그곳은 평화로운 공간인가요? 밖에서 소음이 들린다면 어떻게 해야 할지 생각해보세요. 두꺼운 커튼은 빛뿐만 아니라 소음을 줄이는 데도 효과적입니다.

4 그곳은 편안한 공간입니까? 매트리스나 침구가 낡았다 느껴진다면 새 것으로 바꿔주세요.

5 커튼이나 블라인드를 쳤을 때 빛이 하나도 들어오지 않나요? 방이 어두울수록 숙면을 취하기 쉬워집니다.

이 방법이 필요할 때

잠을 위한 나만의 성소를 일주일에 한 번씩 점검하시기 바랍니다. 버려야 할 것, 나눠줘야 할 것, 그대로 두어도 좋을 것 등이 있는지 살펴보세요. 평화로워진 침실이 예전보다 편안하게 느껴지고 잠도 더 잘 오는지 생각해보세요.

04 베드타임 푸드

저녁의 과식은 숙면을 방해하는 중요한 원인 중 하나입니다. 따라서 저녁 식사는 잠자리에 들기 3시간 전에는 끝내야 합니다. 만약 배가 고파서 잠이 오지 않을 정도라면 잠을 잘 오게 해주는 베드타임 푸드를 먹도록 합니다.

1 따뜻한 우유 한 잔은 기분 좋게 잠을 부릅니다. 수면 호르몬인 멜라토닌 분비를 도와주는 아미노산 트립토판이 들어 있기 때문입니다. 또한 따뜻한 우유는 잠재의식 속에서 '아기'를 연상시켜 위안을 느끼게 해줍니다.

2 귀리, 바나나, 칠면조 등 트립토판이 함유된 음식을 먹습니다. 작은 칠면조 샌드위치나 귀리 케이크를 추천합니다. 저녁엔 약간의 탄수화물을 섭취하면 좋은데, 탄수화물이 트립토판의 흡수를 도와주기 때문입니다.

3 체리에는 멜라토닌이 풍부합니다. 한 연구에 따르면, 체리 주스 한 잔에는 수면 시간을 25분 늘려주는 효과가 있다고 합니다.

이 방법이 필요할 때

원한다면 언제든지 가능합니다.
단, 야식을 많이 먹으면
수면에 방해가 되니
주의해야 합니다. 알코올이나
카페인이 든 음식(커피, 블랙 티,
초콜릿), 자극적인 음식은
피하는 것이 좋습니다.
자기 전에 수분을 많이 섭취하면
화장실을 들락거려야
된다는 점도 잊지 마세요.

05 숙면을 위한 운동

운동이 숙면을 도와준다는 사실은 잘 알려져 있습니다. 일주일에 5일, 시간은 30분 정도 소요되는 운동을 해보세요. 10분 단위로 나눠서 해도 되고, 익숙해지면 시간을 늘려도 됩니다. 규칙적인 운동은 수면의 질을 최대한으로 높여줍니다.

1 잠들기 3시간 전에 격렬한 운동을 하면 몸의 긴장이 채 풀리지 않아 잠들기가 어려워집니다. 강도 높은 운동은 낮에 하세요. 저녁에는 요가나 태극권처럼 명상 형태의 운동이 좋습니다.

2 매일 걸으세요. 낮 시간에 햇빛을 쬐며 걷는 것보다 좋은 운동은 없습니다.

3 몸의 느낌이나 주변 환경에 주의를 기울이면서 걸으세요. 흥미로운 사물이나 사람, 사건을 머릿속에 떠올려도 좋습니다. 몸뿐만 아니라 뇌 운동을 하는 효과도 있어서 저녁에 휴식 모드에 돌입하기가 쉬워집니다.

이 방법이 필요할 때

걷기를 규칙적인 일과에 포함시켜보세요. 적어도 일주일에 두 번은 걸어서 출근이나 퇴근을 한다거나, 차가 아닌 도보로 자녀를 등교시킨다거나 하는 것이 좋습니다.

06 일은 잠시 제쳐놓기

아직 처리하지 못한 업무를 계속 생각하는 것은 귓가에서 윙윙거리는 모기와 같습니다. 우리가 휴식을 취하지 못하도록 방해하는 것입니다. 지금부터 모기 같은 생각을 침실에서 몰아내는 3가지 방법을 소개하겠습니다.

1 차로 퇴근한다면, 집에 도착해 잠시 차 안에 그대로 앉아 있습니다. 해야 할 일이 모기나 날벌레라고 상상해봅니다. 벌레들이 사물함 속으로 날아가는 모습을 떠올린 후, 사물함을 닫고 다음날까지 그대로 둡니다.

2 그래도 모기가 심하게 신경 쓰인다면 잠시 주의를 기울이는 시간을 허락합니다. 딱 1시간으로 시간을 제한하고, 그 다음부터는 일에 대한 걱정을 전부 내려놓습니다.

3 모기가 계속 평화를 방해한다면 다른 곳에 두고 오는 방법이 있습니다. 공원을 산책하면서 잠시 벤치에 앉습니다. 그곳에 모기를 내버려두고 집으로 돌아오면 됩니다.

이 방법이 필요할 때

퇴근해 집에 돌아올 때마다
시도해보세요.
이 방법이 익숙해지면
업무를 회사에 두고 오는
방법을 배울 수 있습니다.

07 들꽃에 감사하기

잘 시간이 다가오면 감사한 일을 떠올려보는 아주 간단한 방법입니다. 그날의 감사한 일을 적으면 수면의 질과 양에 긍정적 영향을 미친다는 연구 결과가 있습니다. 감사한 마음을 가질수록 꿀잠을 잘 수 있는 것입니다.

1 몇 분 동안 혼자 집중할 수 있는 시간을 마련하세요. 그리고 펜과 노트를 준비하세요.

2 심호흡을 몇 번 하고 몸을 편안히 한 상태에서 감사한 것들을 적습니다. 길가에 핀 꽃처럼 오늘 눈에 들어온 아름다운 장면일 수도 있고 누군가에게 받은 작은 친절일 수도 있습니다. 혹은 건강이나 가족의 사랑일 수도 있습니다.

3 감사한 일 3가지를 적었다면, 몇 분 동안 고요히 앉아서 심호흡을 계속합니다.

이 방법이 필요할 때

매일 밤 이 연습을 하면 행복감은 물론 수면의 질도 좋아집니다. 또한 겸손과 감사로 가득한 소중한 일기가 탄생하는 효과도 있습니다.

숙면이 쉬워지는 5가지 방법

낮에 많이 움직이고 햇빛을 쬡니다.

저녁 시간은 고요하게 보냅니다.

침실을 휴식하기 좋은 곳으로 만듭니다.

잠들고 깨는 시간을 규칙적으로 유지합니다.

저녁에 자극적인 음식을 먹지 않습니다.

08 침구 정리하기

깔끔하고 쾌적한 이부자리가 수면을 도와주는 것은 당연한 일입니다. 하지만 대부분의 사람들은 침구 정리를 별로 중요하게 생각하지 않습니다. 인지행동치료에 의하면 '보상'을 통해서 새로운 습관을 만들 수 있다고 합니다. 아래에 있는 내용은 아침의 침구 정리가 당신에게 줄 수 있는 보상의 목록입니다.

1 침구 정리는 이제 일하는 시간이 활기차게 시작되었음을 알려주는 징표입니다.

2 침구를 정리하면 뭔가 완료된 충만한 느낌으로 침실을 나설 수 있습니다.

3 어떤 일이든 해내겠다는 태도로 하루를 보낼 수 있습니다.

4 밤에 조용하고 차분한 분위기에서 잘 수 있습니다.

이 방법이 필요할 때

아침에 침구를 정리하면 좋은 4가지를 매일 떠올려보세요. 깔끔하게 정돈된 이부자리처럼 작은 변화가 당신의 삶을 크게 바꿔줄 수 있습니다.

09 수탉처럼 아침 일찍 일어나기

혹시 지난 주말에도 늦잠을 잤나요? 늦잠을 잤더니 몸이 가뿐해졌나요? 아마 아닐 겁니다. 전문가들에 따르면 규칙적인 취침과 기상이 무엇보다 중요한 '수면 원칙'이라고 합니다. 미국심리협회는 일찍 일어나는 사람이 더 건강하고 행복할 뿐만 아니라 성공할 가능성도 크다는 연구 결과를 발표했습니다. 지금부터 체내 시계를 리셋하는 방법을 알려드리겠습니다.

1 일찍 일어나야 할 기분 좋은 '이유'를 생각해보세요. 아침에 일어나 요가를 한다거나 점심 도시락을 싼다거나, 뭐든 좋습니다. 이유를 메모해서 침대 옆에 놓아두세요.

2 알람 시간을 평소보다 15분 앞당겨 맞추세요. 알람은 스누즈 기능(간격을 두고 여러 번 울림)이 없어야 합니다. 그리고 가능하면 손에 닿지 않는 먼 곳에 두세요.

3 아침에 일어나야 할 이유를 더 만들어 아침 시간을 알차게 보내세요. 며칠 후엔 알람을 15분 더 일찍 맞추고, 목표로 하는 기상 시간이 될 때까지 반복하세요.

이 방법이 필요할 때

30일 동안 매일 해보세요.
일찍 일어나는 데 따른
보상이 이어지면
더욱 활기찬 하루를
보낼 수 있고 자연스럽게
밤에도 일찍 잠자리에 들게 됩니다.
잠자리에 드는 시간도
규칙적이어야 합니다.

10 기분 좋아지는 색칠하기

가끔 밤이 되어도 정신이 말똥하다는 사람들이 있습니다. 그렇다고 TV를 켜지는 마세요. 색칠하기처럼 집중할 일을 찾아보세요. 컬러링에 집중하다 보면, 자연스럽게 긴장이 풀리는 효과가 있습니다. 종이에 대고 하는 명상이라고 할까요?

이 방법이 필요할 때

색칠하기를 규칙적인 밤 일과로 만들어보세요. 30분 색칠하기는 잠자리에 들기 전에 마음을 진정시켜주는 효과가 있습니다. 물론 하루 중 언제라도 긴장을 풀어주는 방법으로 활용할 수 있습니다.

1 편안한 곳에 앉으세요. 테이블이 좋지만 쿠션이나 큰 책에 기댈 수 있다면 소파도 괜찮습니다. 다음 페이지에 직접 색칠을 해도 좋고, 책을 깨끗하게 보관하고 싶다면 복사해서 사용해도 됩니다.

2 색칠 도구를 선택합니다. 색연필, 사인펜, 젤펜 등 뭐든 좋습니다. 책에 직접 색칠할 경우라면 색이 번지지 않도록 뒷면에 종이를 대주세요.

3 기분을 좋게 해주는 예쁜 색깔을 고른 다음, 옆 페이지의 무지개 뜬 해바라기 밭에 영감을 얻어서 색칠해보세요.

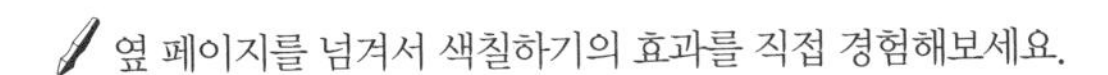
옆 페이지를 넘겨서 색칠하기의 효과를 직접 경험해보세요.

잠자리에
들기

밤은 잠으로 들어가는 문입니다. 밤 시간을 분주하게 보내면 숙면을 취할 수가 없습니다. 몸이 피곤하다고 잠을 잘 잘 수 있는 것은 결코 아닙니다. 피곤하면서 동시에 불안, 초초하다면 매우 나쁜 조합이라 할 수 있습니다. 그래서 잠들기 전에 반복적으로 하는 일, 즉 '수면 습관'이 중요합니다. 마치 의식을 치르듯 매일 같은 단계를 거치게 되면, 몸과 마음이 서서히 밤 시간에 맞춰집니다.

차분한 상태로 잠자리에 들 수 없을 정도로 불안한 마음이 사라지지 않을 때 마음을 진정시킬 수 있는 방법들이 있습니다. 지금부터 하루의 걱정거리를 내려놓고 단잠으로 빠져들 수 있는 다양한 방법을 소개하려고 합니다.

11 D-1시간 알람 맞추기

알람시계는 아침에 일어나기 위한 도구만이 아닙니다. 긴장을 풀고 잠자리에 들 시간을 알려주는 역할도 할 수 있습니다. 이번에 소개할 것은 알람시계를 이용해 현재에 집중하면서 휴식을 준비하는 마음챙김 기법입니다. 규칙적으로 잠자리에 들기 어려운 사람들에게 특히 효과가 좋습니다.

1 취침 시간 1시간 전으로, 알람을 맞춰놓습니다. 알람 소리는 일반적인 벨소리보다 종소리나 명상음악 등이 좋습니다. 이제부터 그 소리는 '잠 잘 준비할 시간'을 알려주는 시그널이 됩니다.

2 알람이 울리면 하던 일을 멈추고 자신의 상태를 살펴보세요. 피곤한가요? 스트레스가 느껴지나요? 스트레스가 몸의 어느 부위에서 느껴지나요? 머릿속이 여전히 낮의 일들로 가득한가요?

3 눈을 감고 깊은 호흡을 시작하세요. 호흡이 긴장하고 있는 몸의 깊은 곳까지 뚫고 들어간다고 생각하세요. 긴장을 풀어야 할 시간임을 몸이 깨달을 것입니다.

이 방법이 필요할 때

'취침 시간 1시간 전 알람 맞추기'가 밤의 일과로 자리 잡아야 합니다. 습관이 되면, 밀린 일거리나 전자기기를 멀리하고 긴장을 가라앉히기가 훨씬 쉬워질 것입니다. 잠들기까지 걸리는 시간과 다음날 컨디션에도 변화가 찾아오게 됩니다.

12 마법의 숲

불안하거나 속상한 기분은 수면에 방해가 됩니다. 감정뇌 훈련EBT은 안전하고 편안한 느낌을 만드는 것을 목표로 합니다. 마치 한 편의 동화 같은 시각화 기법을 시도해보세요. '불안 모드'에서 '안정 모드'로 전환되는 경험을 할 수 있습니다.

1 편안한 의자에 앉아 눈을 감고 상상을 시작합니다. 고요한 밤, 당신은 마법의 숲으로 들어갑니다. 숲속엔 깊은 어둠이 깔렸지만 무섭지 않습니다. 발로 부드러운 촉감이 느껴집니다. 당신은 가슴 가득 신선한 공기를 들이마십니다.

2 피곤해진 당신은 잠시 쉴 곳을 찾지만 울창한 나무들이 앞을 가립니다. 당신은 '나무들이 길을 만들어주었으면' 하고 생각합니다.

3 마법과도 같이 나무들이 길을 내주고, 그 길을 따라가니 작은 공터가 나옵니다. 당신은 푹신한 나뭇잎 위에서 잠이 듭니다. 햇빛에 깨어난 당신은 한결 상쾌한 기분으로 현실 세계로 돌아옵니다.

이 방법이 필요할 때

밤에 잘 준비를 할 때 언제든 활용하면 됩니다.

TIP

침대 옆에 놓아둘 작은 노트를 준비하세요. 휴식을 방해하는 분노나 슬픔, 죄책감 등의 감정을 거기에 적어보세요.

13 꿀벌처럼 윙윙대는 생각 몰아내기

마음은 절대로 멈추지 않습니다. 영리하고도 창의적인 방법을 써야, 비로소 침착하고 고요한 상태로 만들 수 있습니다. 바쁘게 움직이는 꿀벌은 머릿속에서 윙윙거리는 불안, 초조한 생각을 상징합니다.

1 눈을 감고 심호흡을 하면서, 자신이 하늘 위에 떠 있다고 상상합니다. 당신은 야생화가 가득한 벌판으로 내려갑니다. 꿀벌이 이 꽃에서 저 꽃으로 바쁘게 옮겨 다니는 모습이 보입니다. 당신의 머릿속 생각도 저렇게 오락가락 움직이고 있음을 알아차립니다.

2 당신은 꿀벌 무리들과 함께 바쁘게 움직입니다. 가까이에서 보니 꿀벌들의 움직임은 더욱 혼란스럽고 정신이 하나도 없을 정도입니다.

3 당신은 꿀벌 무리를 떠나 다시 하늘로 떠오릅니다. 꿀벌의 윙윙거리는 소리가 점점 작아졌다가 완전히 사라집니다. 당신은 지금 벌들이 보이지 않을 정도로 멀리 와 있습니다.

이 방법이 필요할 때

매일 잠자리에 들기 전,
최소한 5분 동안 시도해보세요.
연습하다 보면
생각의 속도가 점점 느려져서
잠들기 좋은 상태가 됩니다.

14 잠들기 쉬운 몸 만들기

잠이 잘 오지 않는다는 사실 자체가 스트레스입니다. 그런데 이 스트레스가 또다시 수면을 방해한다는 사실을 아십니까? 지금부터 머릿속에서 벗어나 몸에 집중하는 방법을 알려드리겠습니다. 이 기법은 호흡, 감각, 느낌의 세 부분으로 이루어지는데 꾸준히 연습하면 잠들기 좋은 상태를 만들어줍니다.

호흡

1 잠자리에 누운 상태로 호흡에 집중하세요. 평상시처럼 호흡하되, 숨을 내쉴 때마다 하루 동안 쌓인 골치 아픈 생각과 감정이 내 몸에서 빠져나간다고 상상하세요. 호흡을 하면서 몸이 어떻게 변화하는지 주의를 기울이세요.

2 호흡과 함께 내면이 고요하고 차분해지며 오늘의 스트레스가 천천히 떠나가는 느낌이 들 것입니다. 잠시 다른 생각에 주의가 흐트러져도 괜찮습니다. 다시 호흡에 집중하면 마음의 평화가 찾아올 테니까요.

이 방법이 필요할 때

편안한 휴식 상태로
들어가기 어려울 때 시도해보세요.
몸이 잠들기 쉬운 상태가
되도록 준비해주는
효과를 느낄 수 있습니다.

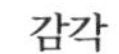

감각

3 침대에 누워 있는 당신의 몸으로 서서히 주의를 옮겨 오세요. 당신의 몸이 매트리스를 깊이 파고드는 것이 느껴집니까? 이불, 베개와 맞닿은 부분에 집중하세요. 온몸이 편안함에 푹 잠기게 될 것입니다.

4 주변의 공기와 소리에 주의를 기울이세요. 몸은 고요히 둔 채로 주위에서 들려오는 여러 가지 소리에 귀 기울이세요. 주의가 흐트러지지 않은 상태로 얼마나 오랫동안 귀 기울일 수 있는지 살펴보세요.

느낌

5 현재 몸의 느낌에 집중하면서 연습을 끝냅니다. 시작했을 때보다 몸이 무거운가요, 가벼운가요? 지금 이 순간 몸이 얼마나 고요한 상태입니까? 몸과 마음이 쉬고 있다고 느껴지나요?

6 마음으로 몸 전체를 스캔하면서, 어떤 부위의 긴장이 풀렸고 어떤 부위는 안 풀렸는지 확인합니다. 머리부터 시작해 발가락까지 차례로 내려가세요. 이 과정은 1분 정도면 충분합니다.

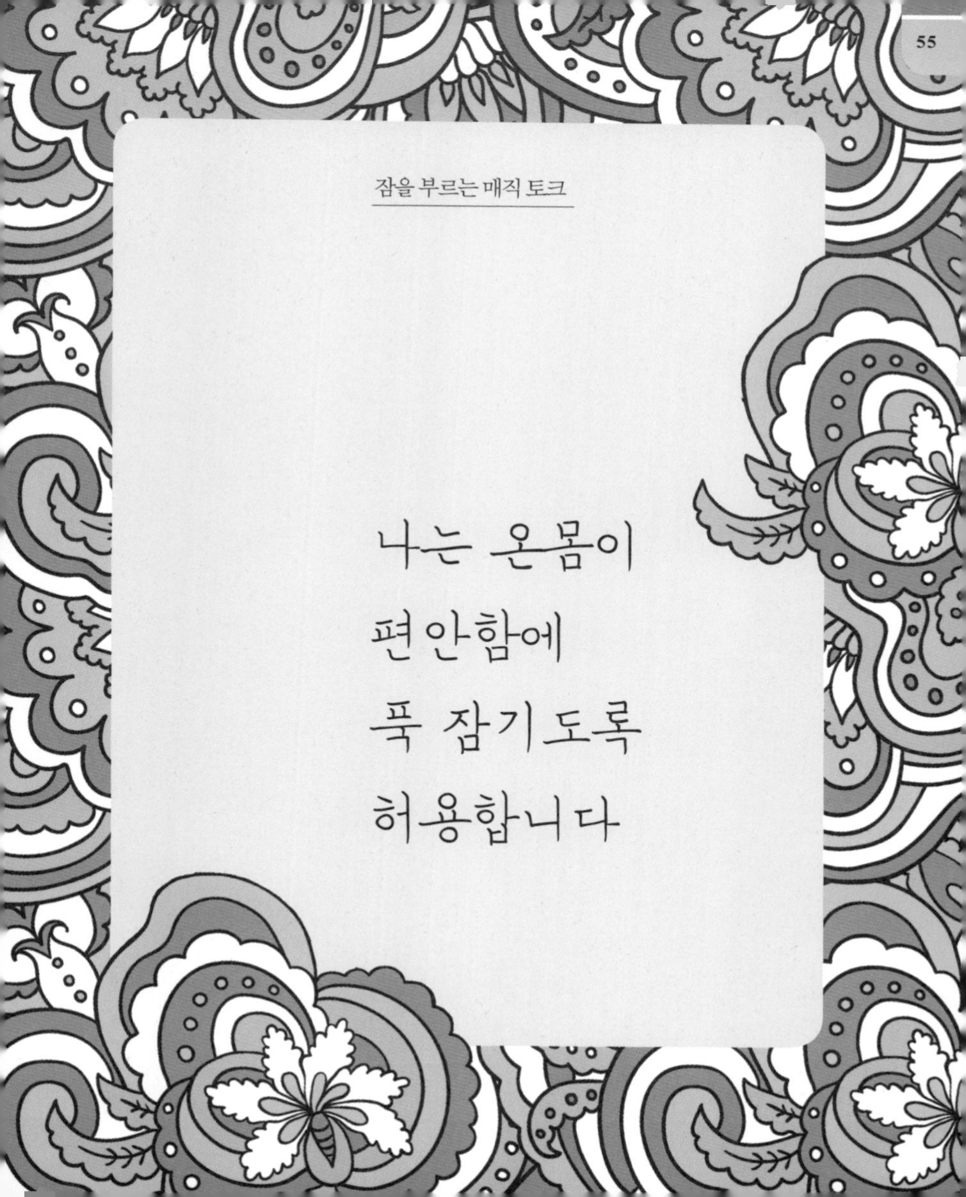

나는 온몸이
편안함에
푹 잠기도록
허용합니다

15 밤하늘에 글쓰기

하루 동안의 속상한 느낌을 싹 날려버리는 방법입니다. 남들의 험담, 상사에게 듣는 잔소리, 사랑하는 사람과의 사소한 다툼들이 모두 수면에 영향을 미칠 수 있습니다. 인지행동치료는 불행한 생각을 찾아내 제거하고 머리를 맑게 해줌으로써 수면에 유리한 상태를 만듭니다.

1 누운 채 눈을 감습니다. 숨을 쉴 때마다 몸이 밤하늘로 둥둥 떠오르는 상상을 합니다. 머지않아 당신은 별들 곁에 도착해 있을 것입니다.

2 당신 손에는 흰색 펜이 들려 있습니다. 그날 있었던 좋은 일과 나쁜 일을 하늘에 적어보세요. 나쁜 일은 별똥별처럼 하늘에서 떨어지고, 좋은 일은 새로운 별자리처럼 하늘에 남아 빛납니다.

3 모두 다 적었으면 다시 둥둥 떠서 침대로 내려옵니다. 지금 별이 빛나는 밤하늘엔 좋은 일들만 적혀 있습니다.

이 방법이 필요할 때

매일 잠자리에 들 때 연습해보세요. '밤하늘에 글쓰기'를 통해 당신은 균형 잡힌 마음을 가꿔나갈 수 있습니다. 많은 사람들이 이 연습을 하고 나서 좋은 꿈을 꾸게 되었다고 합니다.

깊은 잠으로 들어가는 5가지 방법

호흡할 때 나는 소리에 집중하세요.

전자기기들은 모두 꺼주세요.

내일 할 일을 적어서 다른 방에 놓아두세요.

하늘을 나는 연이나 흘러가는 구름 등 마음을
차분하게 해주는 것들을 떠올리세요.

잠 못 드는 자신을 나무라지 마세요.
내면의 목소리는 언제나 상냥해야 합니다.

16 돌고래 만트라

만트라는 MBSR마음챙김에 근거한 스트레스 완화에서 사용하는 도구 중 하나로, 마음을 가라앉히고 깊은 평화를 경험하는 명상 상태로 들어가기 위해 마음속으로 반복하는 단어나 구절을 말합니다. 늘 불안하거나 걱정이 많은 사람들에게 효과적입니다.

1 '휴식' 하면 연상되는 단어를 떠올립니다. 평화, 위로, 고요함, 멈춤 등 무엇이든 좋습니다. 돌고래, 구름, 눈송이처럼 자연과 관련된 단어도 좋습니다.

2 눈을 감고 단어를 2개씩 연결합니다. 뜻이 통하지 않더라도 상관없습니다. '돌고래의 위로', '멈추는 눈송이'처럼 흥미롭기만 하면 됩니다.

3 이 구절을 부드러운 목소리로 반복하세요. 말할 때는 숨을 깊게 들이마시는 것이 좋습니다. 잠재의식 속에 새겨지는 효과가 있기 때문입니다.

이 방법이 필요할 때

잠자리에 들기 5분 전에 해보세요.
자신의 목소리로 휴식의 단어를
반복하면 잠에 대한
부정적인 생각에서
벗어날 수 있습니다.
고요함을 원할 때
언제든 활용해보세요.

17 자라고 명령하기

밤새 숙면을 취하기 위해 자신의 몸에 최면을 거는 방법이라 생각하면 됩니다. 인지행동치료 전문가들은 자신에게 말하는 방식이 긍정적일 수도, 부정적일 수도 있다고 합니다. 긍정적 자기 대화는 나쁜 감정을 가라앉히고 몸에 미치는 해로운 영향을 없애줍니다. 스트레스로 인한 불면증에도 당연히 도움이 될 것입니다.

1 등을 비스듬히 기대고 편안한 자세를 취합니다. 자신의 몸이 얼음 큐브 안에 갇혀 있다고 상상합니다. 지금은 차가움을 느낄 수 없을 정도로 몸이 긴장되어 있습니다. 긴장이 풀리면 따뜻한 에너지가 분출되어 얼음을 녹일 것입니다.

2 단호하지만 부드러운 목소리로 내 몸에 호흡과 휴식을 명령하세요. 머릿속에서 떠올랐다 사라지는 생각들은 내버려두면 됩니다.

3 각 신체 부위에 긴장을 풀 것을 명령하세요. 머리부터 시작해 눈썹, 얼굴의 순서로 차례대로 주문하세요. 그러자 당신을 가둔 얼음이 녹으면서 느슨해지기 시작합니다.

4 어깨와 팔, 손, 가슴을 거쳐 아래로 내려가세요. 각 부위를 거칠 때마다 긴장이 풀린 몸에서 나오는 따뜻한 에너지가 얼음을 녹입니다. 발가락에 이르면 모든 스트레스가 녹아 사라집니다

이 방법이 필요할 때

잠자리에 들면서 10분 동안 실시하세요. 등을 기대거나 바닥에 누우면, 횡격막을 통한 깊은 호흡이 가능합니다. 당신의 부드러운 목소리가 당신의 몸을 휴식 상태로 들어가게 해줍니다.

18 '오늘'이라는 영화 감상하기

낮의 스트레스를 마음에서 내보내지 못하면 몸이 긴장을 풀지 못해 깊은 잠을 잘 수 없습니다. 이 기법은 마음챙김 명상에서 빌려온 것으로, 체계적으로 하루를 뒤돌아보게 해줍니다. 과거의 사건과 경험을 내려놓음으로써 잠들기 쉬운 모드로 바뀌는 것입니다.

이 방법이 필요할 때

53페이지의 기법으로
긴장은 풀렸는데
잠으로 이어지지 않을 때
사용하면 효과적입니다.
매일 퇴근 후 실시해도 좋습니다.

기억하기

1 자리에 누운 상태로 오늘 하루를 시간 단위로 돌아보기 시작합니다. 우리의 뇌는 오늘 하루를 모두 기록해놓았습니다. 그날 찍은 촬영분을 살펴보는 영화감독처럼, 모든 장면을 신중하게 훑어보세요. 방해되는 생각이 떠오르면 차분하게 다시 주의를 집중하면 됩니다.

2 한 번 훑어봤다면 처음으로 돌아가 당신의 '영화'를 다시 플레이 하세요. 이번에는 '빨리 감기' 모드로 본 후, 마지막에 이르면 영사기를 멈추세요.

휴식하기

3 침대에 누워 몸의 느낌에 집중하세요. 자, 어느 부위가 긴장하고 있나요? 머리부터 발끝까지 훑으면서 긴장된 부위를 파악하세요.

4 이제 머리로 주의를 집중하고 밤의 휴식을 위해 스위치를 끕니다. 이 과정을 머리부터 발끝까지 반복하세요.

이완하기

5 지금 이 순간, 몸이 보내는 감사 인사를 즐기세요. 당신의 팔과 다리, 근육, 신경 모두 긴장을 풀어준 당신에게 고마워합니다. 깊은 호흡을 하면서 각 신체 부위가 부드럽게 잠에 빠져드는 것을 느낍니다.

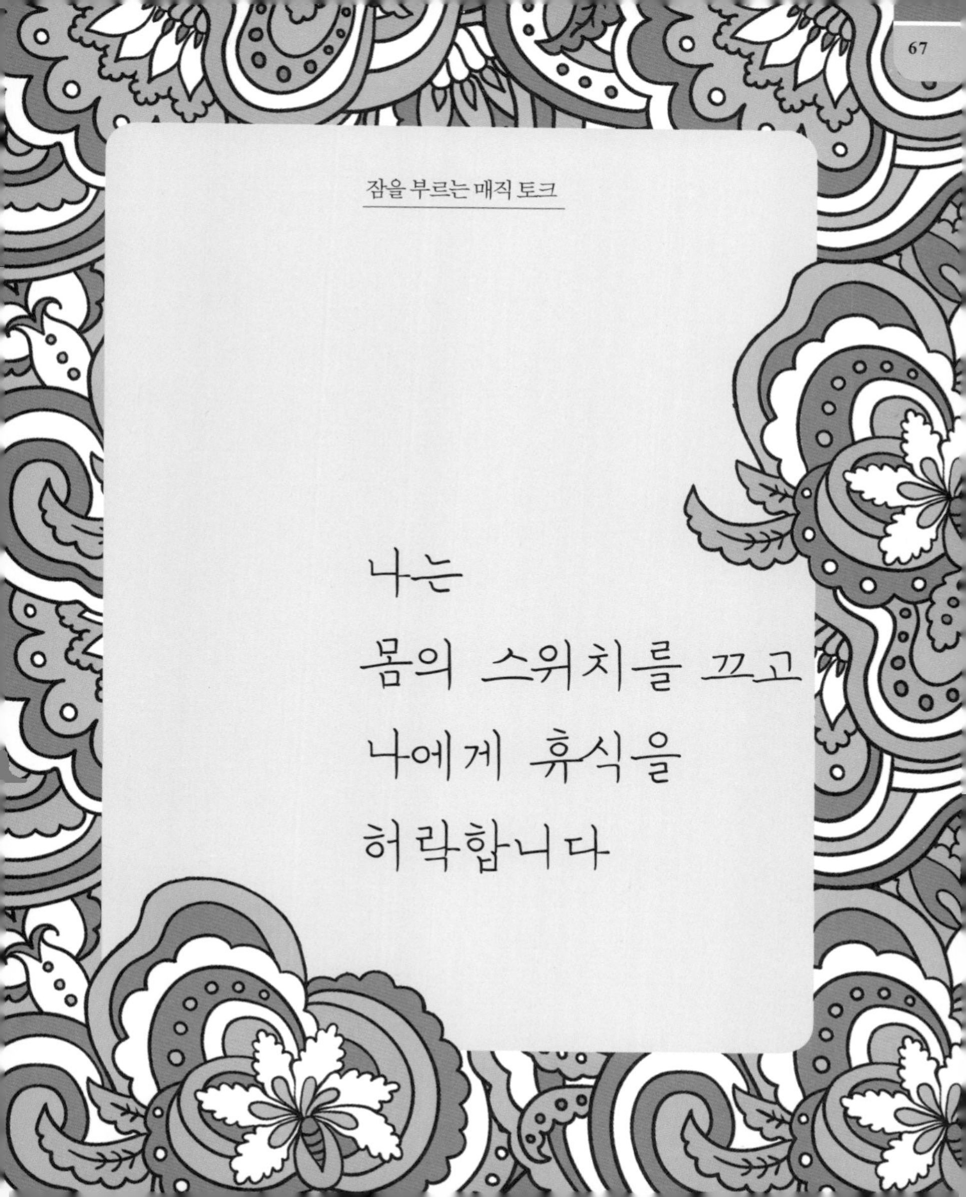

나는

몸의 스위치를 끄고

나에게 휴식을

허락합니다

19 마음 고요히 하기

여러 가지 방법을 시도했는데도 잠이 오지 않는다면, 그냥 누워 있으면 안 됩니다. 인지행동 치료에서는 잠이 오지 않을 때 일어나 다른 공간으로 가는 편이 훨씬 낫다고 합니다. 침실이 '불면'을 연상시키지 않도록 하기 위함입니다. 다음은 당신을 '수면 모드'로 바꿔주는 3가지 방법입니다.

이 방법이 필요할 때

잠이 잘 오지 않을 때마다 해보세요. 시계만 보면서 그냥 누워 있는 것은 좋지 않습니다. 시간이 가는 것을 보고 있으면 잠이 더 오지 않습니다.

1 크든 작든, 모든 걱정거리를 빠짐없이 적습니다. 이렇게 종이에 적으면 부정적인 생각의 쳇바퀴에서 벗어날 수 있습니다.

2 짧은 글을 읽습니다. 시가 가장 좋은데, 시의 운율이 마음을 느긋하게 해주는 효과가 있기 때문입니다. 또 비교적 짧아서 읽다가 피곤해질 일도 없습니다.

3 색칠을 합니다. 색칠을 하면 마음이 편안해지는 이유는 그것이 '반복 행동'이기 때문입니다. 행동의 결과가 눈에 보이므로 보람도 느낄 수 있습니다.

옆 페이지를 색칠해보세요.

자다가
깨었을 때

불면증의 진짜 큰 문제는 밤의 시작이 아니라 중간 지점에서 발생합니다. 이유도 모른 채 깨어나서 다시 잠들지 못하는 것입니다. 야식처럼 잠들기 전에 한 일이 원인일 수도 있습니다. 하지만 한밤중에 깨는 이유는 더워서, 추워서, 시끄러워서, 해결하지 못한 걱정거리 때문에 등 정말 여러 가지일 수 있습니다.

지금부터 한밤중에 깼을 때 다시 잠들 수 있는 전략을 소개합니다. 여러 가지 방법을 시도하고 조합하면서 자신에게 가장 효과적인 기법을 찾아보세요. 만약 모두 실패한다면 공간을 옮겨보는 것도 좋습니다. 침실과 불면이 연결되는 것을 막기 위함입니다. 하지만 무엇보다 초초해 하지 않는 것이 중요합니다. 잠이란 '내려놓음'입니다. 억지로 노력해서 성공할 수 있는 일이 아닙니다.

20 눈 쌓인 들판에 머물기

수면 중 느끼는 '더움'은 불면증의 흔한 원인입니다. 얇은 잠옷 입기, 창문 약간 열어 놓기, 난방 타이머 맞추기 등은 확실하게 실내를 쾌적하게 만드는 방법들입니다. 그리고 지금 소개할 인지행동치료에 근거한 시각화 기법은 당신의 내면을 시원하게 만들어줄 것입니다.

1 너무 더워서 깼다면, 눈이 내리는 들판을 상상해보세요.

2 눈밭에 누워 있는 자신을 떠올립니다. 왠지 모를 편안함이 느껴집니다. 솜사탕처럼 함박눈이 내리고 눈송이가 몸에 닿을 때마다 열기가 빠져나갑니다.

3 당신은 지금 쾌적하고 보송보송한 상태입니다. 조용히 내리는 함박눈이 심신을 편안하게 해주는 가운데, 당신은 눈 쌓인 들판에서 그대로 잠이 듭니다.

이 방법이 필요할 때

더워서 잠이 깰 때마다
활용해보세요.

TIP

더운 낮 시간에는 커튼이나
블라인드를 쳐 놓고,
밤에는 창문을 열어
시원한 공기가 들어오게 하세요.

21 걱정거리 떼놓기

가상의 상황에 기겁하며 잠에서 깬 적이 있나요? 차의 전조등을 켜 놓았다거나, 보험 갱신을 깜빡했다거나, 여권을 잃어버렸다거나… 감정뇌 훈련법에 따르면, 뇌는 항상 예전의 스트레스 상황을 헤집어놓으려 합니다. 스트레스의 원인에서 벗어날 때까지 계속 거기에 집중하려는 기제입니다. 하지만 다음 방법을 통해 걱정 회로의 배선을 바꾸면 해결할 수 있습니다.

1 다급한 걱정거리 때문에 잠에서 깼다면, 그대로 침대에 편안하게 머뭅니다.

2 폭포수 아래에 서 있는 상상을 합니다. 떨어지는 물은 차갑고 세차서 제대로 중심을 잡고 서 있기가 힘듭니다. 곧 미끄러져 넘어질 것 같습니다.

3 손이 닿을 만한 곳에 나무가 있습니다. 가까이 있는 나뭇가지를 잡아 간신히 물 밖으로 나갑니다. 위쪽의 땅은 따스하고 보송합니다. 안전한 위쪽에서 아래를 내려다보며, 걱정거리를 내려놓고 왔다고 상상합니다.

이 방법이 필요할 때

자다 깼을 때 연습해보세요.
나뭇가지는 폭포수 같은
걱정으로부터 당신을 구해,
잠들기 쉬운 곳으로
데려다주고 싶어 하는
당신의 마음입니다.

22 둥둥 떠다니는 침대

우리는 자는 동안 100번 이상 위치를 바꾼다고 합니다. 작은 침대에서 누군가와 함께 잔다면 뒤척거림이 큰 문제가 될 수 있습니다. 큰 침대로 바꿀 수 없는 상황이라면 인지행동치료 도구를 활용해보세요. 적어도 머릿속에는 넓은 공간이 마련될 수 있습니다.

1 매트리스가 아니라 튜브 베드에 누워 있다고 상상합니다.

2 튜브 베드가 점점 커지고 가벼워지기 시작합니다. 침실에 다 들어가지 않을 정도로 커져서 하늘로 둥둥 떠올라갑니다.

3 튜브 베드에 편안하게 누운 상태로 아래를 내려다보니 집과 거리가 보입니다. 하지만 전혀 무섭지는 않습니다. 둥둥 떠 있는 느낌이 너무 편안해서 잠에 빠져들기 시작합니다.

이 방법이 필요할 때

매일 침대에 누워 5분 동안 실시하세요. 침대가 넓어지는 상상을 통해 답답한 느낌에서 벗어날 수 있습니다.

23 불면을 받아들이기

수면 사이클로 보면 누구나 잠깐씩은 자다가 깨지만 대부분은 잘 알아차리지 못하거나 문제가 되지 않습니다. 잠에서 깼다는 사실에 대해 걱정하면 오히려 상황이 악화됩니다. '마음챙김' 명상의 자세로 깨어 있음을 그대로 받아들여야 합니다. 다음은 더욱 편안한 밤을 위한 방법들입니다.

1 누운 상태로 눈을 감고 깊은 호흡을 합니다. 숨을 쉴 때마다 몸을 고요히 유지하되, 몸이 도와주지 않아도 짜증내지 않습니다.

2 침대 옆에 하얀 비둘기가 있다고 상상합니다. 비둘기는 지금 당신이 잠에서 깬 상태로 있어도 괜찮다는 사실을 일깨워줍니다.

3 호흡을 하면서 하얀 비둘기를 계속 떠올립니다. 비둘기는 잠 못 이루는 당신에게 사랑과 포용, 친절을 베푸는 대상입니다. 혹시라도 몸을 뒤척이면 놀라서 날아가 버릴지도 모릅니다. 당신은 가능한 움직이지 않고 천천히 호흡하면서 다시 잠에 빠져듭니다.

이 방법이 필요할 때

잠이 오지 않거나
다시 잠들지 못할 때
10분 동안 실시하세요.
사랑과 포용의 느낌은
수면에 도움이 됩니다.
그래도 잠이 오지 않는다면
공간을 옮겨보는 것도 좋습니다.

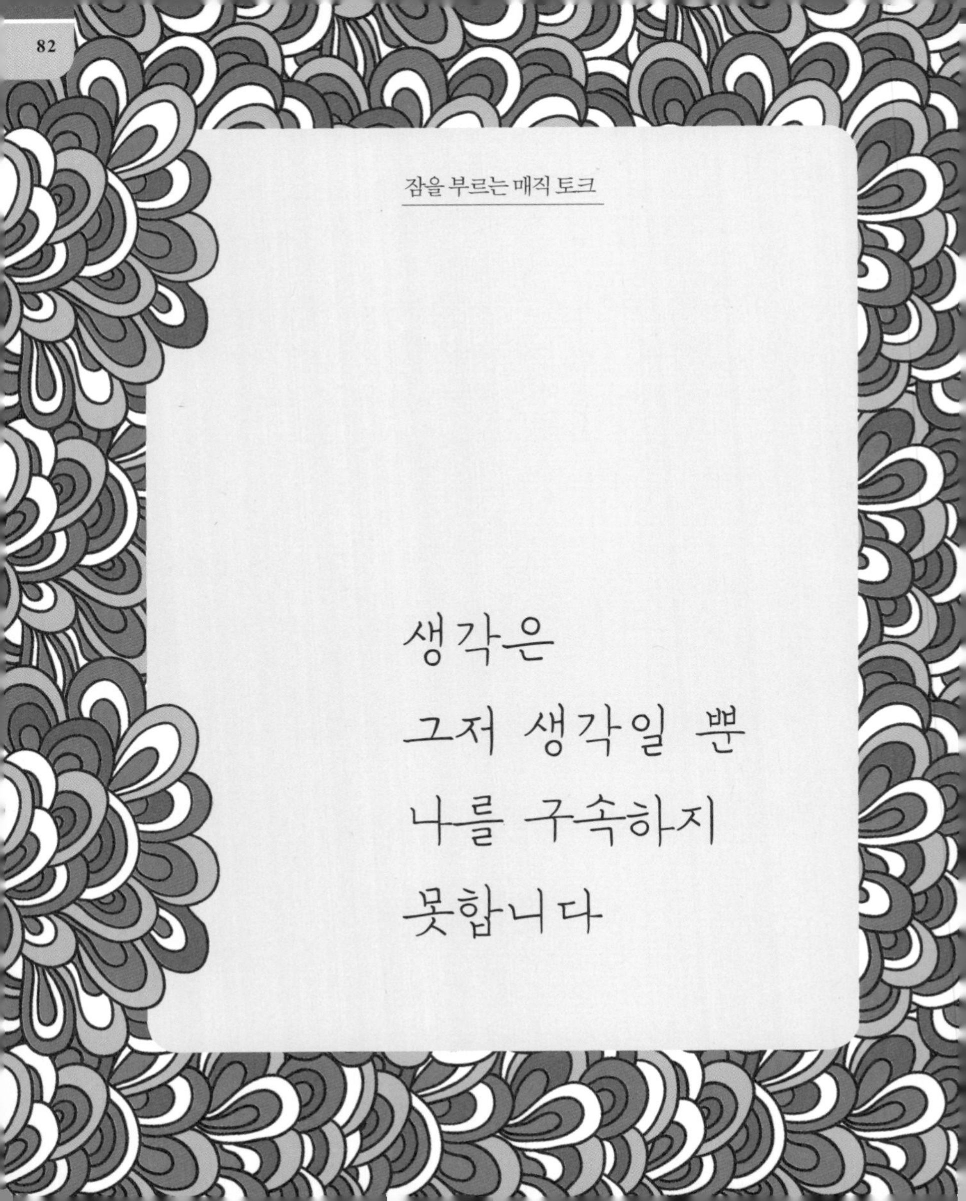

생각은
그저 생각일 뿐
나를 구속하지
못합니다

24 베개 토크

내일에 대한 걱정은 숙면을 방해합니다. 마음챙김 명상에서 즐겨 사용하는 '이름 붙이기' 기법은 초조함으로 잠 못 이룰 때 도움이 됩니다. '판단하고 비판하는 생각'에 차분하게 이름을 붙이는 간단한 방법인데, 이 과정에서 베개가 이용됩니다.

1 자리에 앉아 무릎에 베개를 올려놓습니다. 호흡에 주의를 집중합니다.

2 자신이 걱정하고 있다고 깨달을 때마다 베개를 들어 똑바로 쳐다보며, 베개가 말을 한다고 상상합니다. 베개가 '좋다, 나쁘다'가 배제된 중립적인 목소리로 말합니다. "초조해지는 생각을 하고 있구나."

3 다시 호흡에 집중합니다. 걱정스러운 생각이 들면 다시 베개와 짧은 대화를 합니다. "또 초조해지는 생각을 하고 있구나." 잠들 준비가 될 때까지 여러 차례 반복합니다.

이 방법이 필요할 때

스트레스를 일으키는 생각 때문에 잠에서 자주 깰 때 시도해보세요. 베개는 단지 생각을 읽는 도구입니다. 자신의 생각을 알아차리는 것은 감정에 휘둘리지 않는 첫 걸음입니다.

25 속쓰림 다스리기

속쓰림 또는 소화불량도 수면을 방해하는 흔한 원인입니다. 밤늦게 먹지 않기, 높은 베개 사용하기 등 실질적인 해결책도 있지만 여기에서는 통증에 따르는 불안감을 달래주는 방법을 소개하려고 합니다. 부정적인 감정을 '순환' 시키고 기대감을 배출시키면 긍정적인 태도에 이를 수 있습니다.

1 잠시 동안 선인장에 대해 생각합니다. 겉에는 뾰족한 가시가 있지만 안은 부드럽고 촉촉합니다. 통증에 시달리다 보면 몸이 가시로 뒤덮인 느낌이겠지만, 마음마저 그럴 필요는 없습니다.

2 '내가 불안한 이유는 ~~다'라는 문장을 떠올리면서 긴장감을 배출합니다. 어떤 기대가 불안을 부채질하는지 살펴봅니다. 불안은 현실이 아니라 두려움이 만들어낸 허상일 수 있습니다.

3 현재 상태가 편하지는 않지만, 가시로 뒤덮인 이 느낌도 곧 지나갈 것이라 생각합니다.

이 방법이 필요할 때

속쓰림이나 다른 통증이 있을 때 시도해보세요. 마음으로 통증을 관리하는 법을 연습하면 스트레스를 받지 않은 상태에서 현재를 받아들일 수 있습니다.

한밤중에 깼을 때 쓸 수 있는 5가지 방법

잠이 오지 않으면 침대에서 일어납니다.

색칠하기나 집안일 등 반복적이고
마음을 편안하게 해주는 일을 합니다.

잠 못 들게 하는 생각을 노트에 적습니다.

가벼운 요가나 스트레칭을 합니다.

허브차나 따뜻하게 데운 우유를 마십니다.

26 침묵의 파도

완전한 침묵은 존재하지 않습니다. 한밤중에 지나가는 차나 창문을 두드리는 빗소리, 집안에서 들려오는 알 수 없는 끽끽 소리에 잠을 깰 수 있습니다. 마음챙김 명상은 우리가 24시간 소리로 가득한 세상에서 살고 있다는 사실을 받아들이게 해줌으로써, 밤새 숙면을 취하게 도와줍니다.

1 호흡과 호흡에 따른 몸의 감각에 집중하세요. 콧구멍을 통한 공기의 흐름, 오르락내리락 하는 복부의 움직임… 이제 서서히 주변으로 주의를 옮깁니다. 무슨 소리가 들리나요? 멀리서 들려오는 사이렌 소리, 창문이 달가닥거리는 소리, 히터가 웅웅거리는 소리…

2 호흡할 때마다 침실에서 멀어진다고 상상합니다. 당신은 지금 바다에 와 있습니다. 파도 소리에 주의를 기울이세요. 당신의 호흡이 파도와 함께 움직입니다. 파도가 밀려날 때 숨을 내쉬고, 돌아올 때 들이쉽니다.

3 현실로 돌아와도 파도 소리는 당신 귓가에 머뭅니다. 이제 다른 소리에는 신경이 쓰이지 않습니다.

이 방법이 필요할 때

소음 때문에 깼을 때
10분 동안 실시하면
금방 다시 잠들 수 있을 것입니다.
너무 심한 소음이라면
귀마개가 도움이 됩니다.

27 꿈 시나리오 다시 쓰기

수면을 방해하는 나쁜 꿈을 긍정적으로 만들어주는 방법입니다. 긍정적인 신경 회로를 만듦으로써 부정적인 감정을 제어하고, 결과적으로 삶을 즐거움으로 바꾼다는 감정뇌 훈련법의 개념을 활용한 것입니다.

1 결말이 좋지 않은 꿈을 기억한 채 잠에서 깼다면 좀 더 좋은 결말을 생각해봅니다. 괴물에 쫓기거나, 뒤에서 쫓아오는 천둥 같은 발굽 소리에 필사적으로 도망치는 꿈이었다고 가정해봅시다.

2 당신이 뒤돌아 맞서자 괴물이 달아납니다. 혹은 천둥 같은 발굽 소리의 주인공은 당신을 어디로든 데려다줄 멋진 말이었습니다. 누운 채로 호흡하면서 해피엔딩 시나리오를 상상해봅니다.

3 긍정적 결말의 꿈을 글로 적으면 머릿속에 더욱 깊이 새겨집니다. 계속 같은 꿈을 꾼다면 해피엔딩이 적힌 종이를 옆에 놓고 잡니다.

이 방법이 필요할 때

실망스럽거나 속상한 꿈, 혹은 악몽에서 깰 때마다 실시합니다. 꿈에 휘둘리지 않고 직접 제어할 수 있다는 사실을 깨닫게 됩니다.

28 깊고 푸른 바다

수면 전문가들은 침대가 오로지 수면을 위한 장소가 되어야 한다고 말합니다. 밤중에 깨는 일이 잦다면 이 책에 나온 방법들을 다양하게 시도해보세요. 만약 효과가 없으면 일어나서 독서나 명상, 색칠하기 등 깨어 있다는 사실을 잊게 해줄 만한 일을 시도하세요.

이 방법이 필요할 때

다시 잠들기 어려울 때마다 해보세요. 밤중에 계속 깬다면 전문가의 도움을 받는 편이 좋습니다. 수면 무호흡증이나 다른 건강상 문제 때문일지도 모릅니다.

1 다음 페이지처럼 세밀한 디자인을 선택하세요. 디자인이 복잡할수록 정신이 집중되는 효과가 커집니다.

2 어떤 색깔이든 상관없지만, 휴식에 도움이 되는 깊고 푸른 바다를 칠하면 더 좋습니다.

3 눈꺼풀이 내려오기 시작할 때까지 색칠을 계속하세요. 침대로 돌아간 이후에도 계속 색칠한 그림의 이미지를 떠올리며 잠을 청합니다.

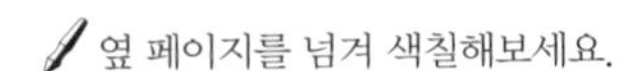

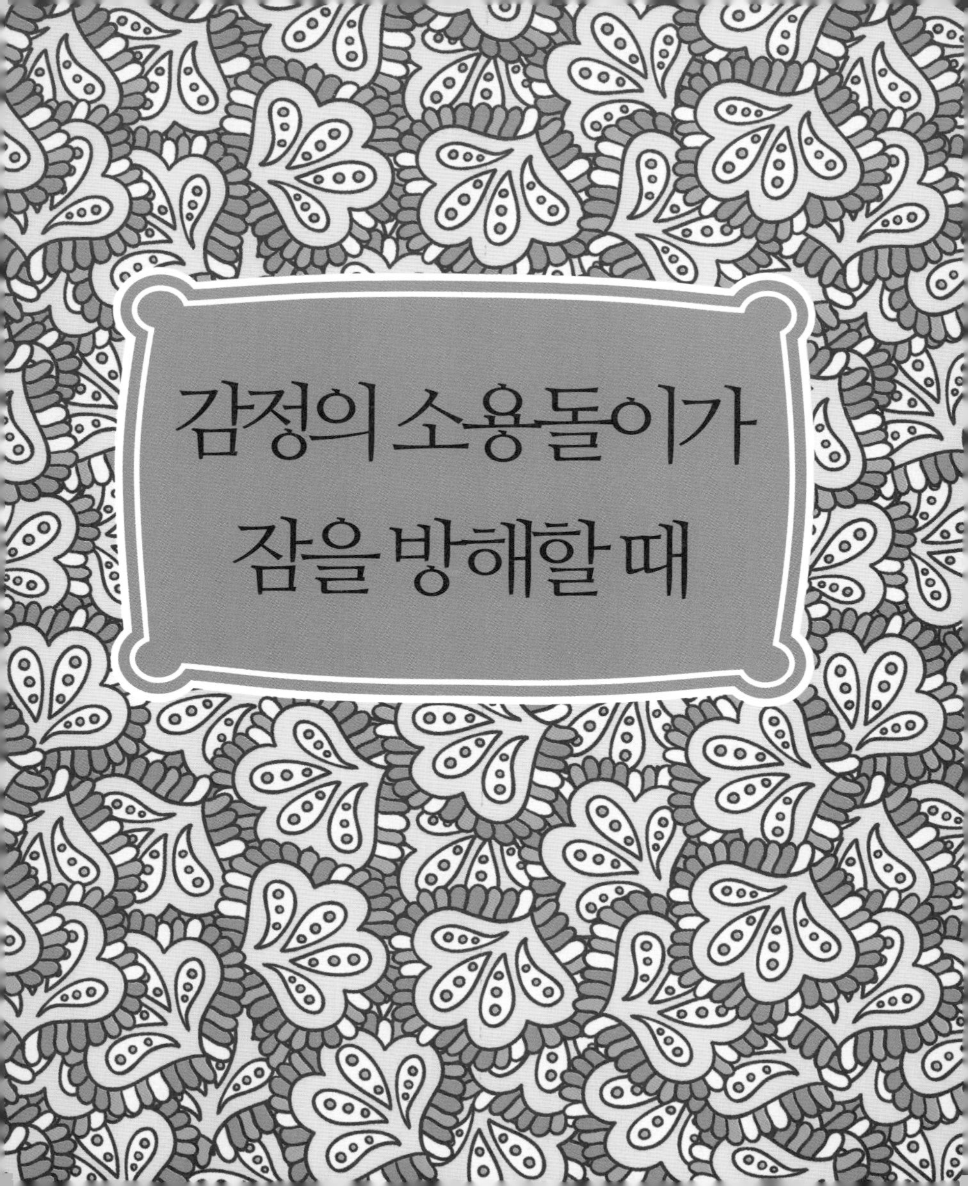

감정의 소용돌이가 잠을 방해할 때

부정적 감정은 수면에 매우 큰 영향을 미칩니다. 감정의 소용돌이에 휘말려 뜬눈으로 지샌 경험을 누구나 해봤을 것입니다.

감정 앞에서 속수무책인 것처럼 느껴지지만, 그것은 사실이 아닙니다. 감정을 멈출 수는 없지만, 그것이 우리를 지배하는 일은 막을 수 있습니다. 감정이 회오리바람처럼 몰아쳐 나를 쓸어가게 내버려두지 마세요. 마치 무대 위의 연극처럼 우리가 감정을 직접 관리할 방법이 있으니까요. 무대 위에서 감정들이 날뛰고 있지만, 그것을 지켜보는 우리와는 분명 분리가 되어 있습니다.

이것이 지금부터 우리가 배울 주제입니다. 수면 문제뿐 아니라 감정에 압도당할 때마다 주저하지 말고 사용하세요. 부정적인 감정을 관리하면 당연히 수면의 질도 올라갑니다.

29 관제센터 기법

감정은 날씨 같아서, 우리가 통제할 수 없다고 생각하기 쉽습니다. 하지만 감정을 주인공으로 둘지 배경으로 둘지는 선택할 수 있습니다. 다음은 관제센터가 비행기를 통제하듯 자신의 생각을 통제할 수 있는 방법입니다.

이 방법이 필요할 때

잠자리에 들기 2시간 전에 실시해보세요. 골치 아픈 생각이 잠을 방해하는 것을 막아줍니다.

1 눈을 감고 당신이 공항 관제센터에 있다고 상상해보세요. 당신은 베테랑이고 오늘은 무척 바쁜 날입니다. 앞의 레이더망을 통해 비행기들의 움직임이 보입니다.

2 예정에 없던 비행기 한 대가 활주로에 착륙을 시도합니다. 자칫 큰 사고로 이어질 수 있는 위험 상황이지만 당신은 당황하지 않습니다. 접근하지 말라는 교신을 보내자 비행기는 지시에 따라 공항에서 멀어집니다.

3 눈을 뜨고 방금 상상한 내용을 현실에 연결시켜보세요. 마음대로 진입한 비행기처럼, 마음의 레이더망에 걸린 유쾌하지 못한 생각들을 직접 치워버릴 수 있는 힘이 있다고 생각합니다.

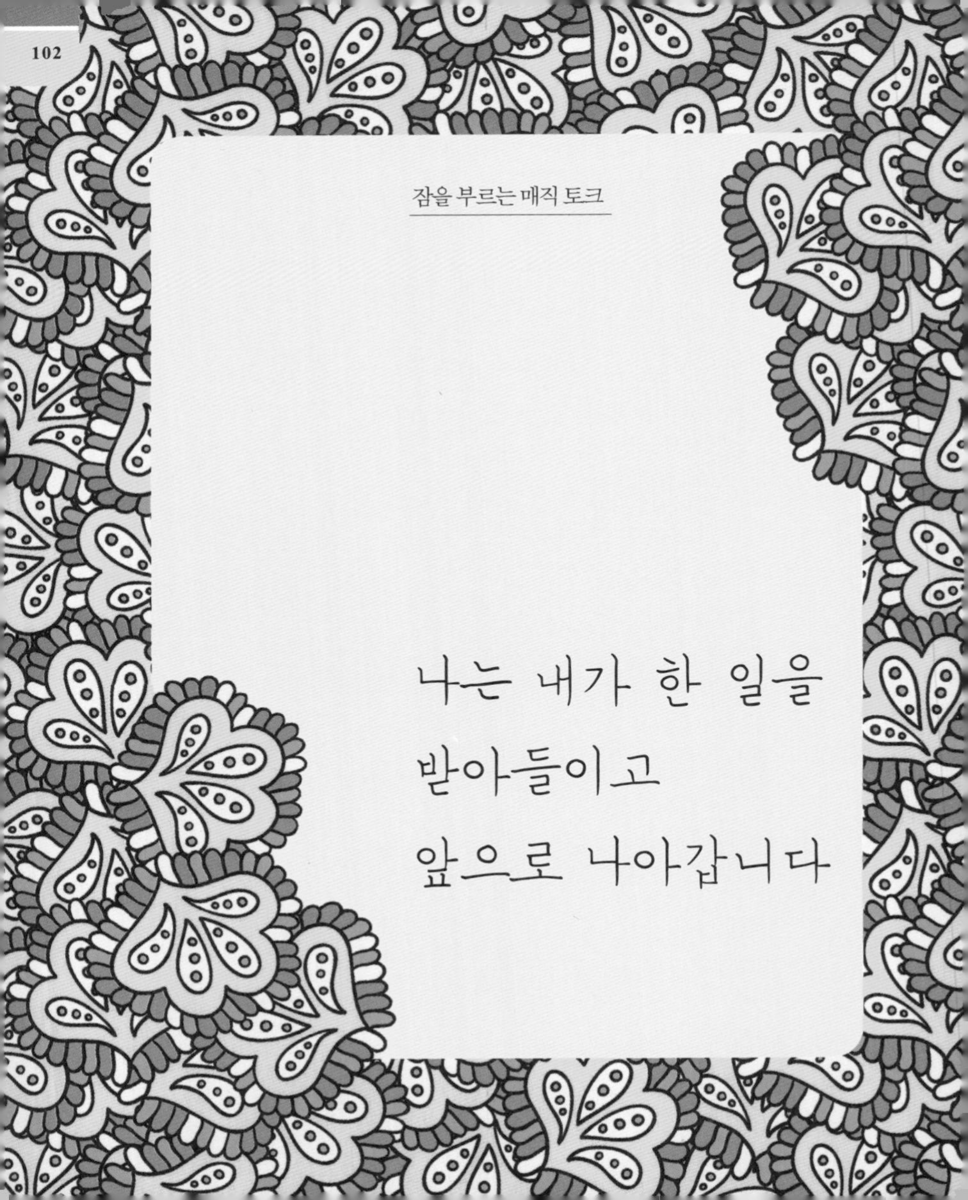

나는 내가 한 일을
받아들이고
앞으로 나아갑니다

30 죄책감 바라보기

자신이 한 일, 혹은 하지 않은 일에 대한 죄책감이 자꾸 떠오른다면 결코 편히 잠들 수 없습니다. 죄책감은 잘못을 다시 하지 않기 위한 감정이긴 하지만, 자신을 벌하려는 감정으로 변질될 우려가 있습니다. 죄책감을 다스리는 마음챙김 명상 기법은 마음의 평정을 되찾도록 도와줍니다.

1 깊은 호흡을 하면서 천천히 '부끄러움'이란 감정에 주의를 기울입니다.

2 '부끄러움'이 몸의 어느 부위에 위치하는지, 어떻게 움직이는지 관찰합니다. 감정을 밀어내지 않고 그대로 받아들이는 것을 배웁니다.

3 스스로를 비난하는 생각에 주의를 기울이세요. 생각에 개입하지 말고 그저 지켜보세요.

4 감정을 알아차리기만 해도 몸의 긴장이 줄어듭니다. 곧바로 잠에 빠질 수도 있지만 잠시 깨어 있다 해도 문제가 되지 않습니다.

이 방법이 필요할 때

침대에 누워 있을 때나
낮 시간 동안 해보세요.
자신의 잘못을 비난하지 않고
연민의 태도로 대하면
오히려 실수에서 교훈을
얻기가 쉬워집니다.

31 유리창 닦기

인지행동치료 전문가들은 '일기 쓰기'의 효과를 강조합니다. 생각을 적으면 머릿속이 말끔하게 정리되어 숙면을 취하기 좋은 상태가 되기 때문입니다. 마치 유리창을 닦는 것과 비슷한 효과입니다. 여기서는 일기를 활용하는 방법을 소개하려고 합니다.

1 마음에 쏙 드는 예쁜 노트 한 권을 준비하세요.

2 매일 10분, 일기 쓰는 시간을 정해놓습니다.

3 노트를 채우는 것에 부담을 느낄 필요는 없습니다. 오늘 들었던 생각, 반성할 것, 배운 것을 적어도 좋습니다. 또 맛보고 만져본 것처럼 오감과 관련된 내용도 괜찮습니다. 일단 시작하면 점점 쉬워집니다.

이 방법이 필요할 때

일기 쓰기를 습관으로 만드세요.
생각을 기록하는 것뿐 아니라
스크랩북처럼 그날을 기억하게
해줄 물건을 붙일 수도 있습니다.
또 간단한 스케치를 해도 좋습니다.

32 STOPP 프로세스

이것은 인지행동치료에서 부정적 생각을 전환시키는 데 사용하는 기법입니다. 나쁜 기분을 떨쳐버리지 못하는 상태에서는 휴식을 취하기 어렵습니다. 연구에 따르면 수면 부족은 뇌의 세로토닌 수치를 감소시켜 하루 종일 불안하게 만든다고 합니다. 왠지 짜증나고 불안하다면 STOPP 기법을 활용해보세요.

1 ***STEP BACK*** (한 걸음 물러나기) 반응하기 전에 잠깐 멈추세요. 급할 것은 없습니다.

2 ***TAKE A BREATH*** (심호흡하기) 숨을 들이쉬고 뱉으면서 호흡이 일으키는 몸의 변화에 집중합니다. 가슴이나 복부, 콧구멍 등의 감각에 주의를 기울이세요.

3 ***OBSERVE YOURSELF*** (관찰하기) 지금 이 순간 떠오르는 생각이 뭔가요? 생각에 사로잡히지 말고 그저 '생각'이나 '의견'이라는 이름을 붙이세요. 그것은 사실인가요, 과장인가요, 허구인가요? 다음엔 몸에서 느껴지는 감각을 알아차리고 '감각' 또는 '느낌'이라고 이름 붙이세요.

4 ***PERCEIVE IT DIFFERENTLY*** (다르게 인식하기) 몇 주 후에 이 상황을 돌아본다고 생각해보세요. 그때도 여전히 중요할까요? 다른 사람이라면 어떨까요? 과연 중요하다 생각할까요?

5 ***PROCEED POSITIVELY*** (긍정적으로 처리하기) 가장 좋은 반응이 무엇인지 생각해보세요. 자신과 타인 모두에게 최선의 방법은 무엇일까요?

이 방법이 필요할 때

낮이든 밤이든 구분하지 말고 시도해보세요. 마음을 차분하게 가라앉혀주고 상황을 이성적으로 바라보게 해줍니다.

TIP

단 1분이라도 꾸준히 명상을 실행하면 감정에 덜 휘둘릴 수 있습니다.

33 치유의 열쇠

심리적 고통이라고 덜 아플까요? 가끔은 신체적 고통보다 더 실제적일 수도 있습니다. 바쁜 낮 시간 동안은 잊고 지내다가 밤중에 마음의 상처들이 불쑥 튀어나와 수면을 방해하는 경우가 많습니다. 고통스러운 기억을 없앨 수는 없지만, 고통을 받아들이는 방법을 배울 수는 있습니다.

1 심호흡을 몇 번 하고 눈을 감습니다. 당신은 지금 마음의 상처를 치유해주는 열쇠가 담긴 상자를 기다리고 있습니다.

2 드디어 상자가 도착했습니다. 하지만 꽁꽁 묶여 있어 열 수 없습니다.

3 가위를 찾아 끈을 자르니 스르륵 포장이 벗겨집니다. 원하던 열쇠가 당신의 손에 들어왔습니다.

이 방법이 필요할 때

상자의 끈은 잠과 평화를 방해하는 압박 상태를 상징합니다. 잠자기 1시간 전에 시도해보세요.
고통스러운 기억의 매듭이 풀어지기 시작할 것입니다.

마음이 건강해지는 5가지 방법

자신을 벌하려는 생각을 알아차리세요.

삶의 소소한 기쁨을 누리세요.

매일 하루를 축복과 긍정, 감사로 시작하세요.

지금까지 이룬 모든 것에 대해
자신을 칭찬해주세요.

호흡에 집중하면서 지금 이 순간에 머무세요.

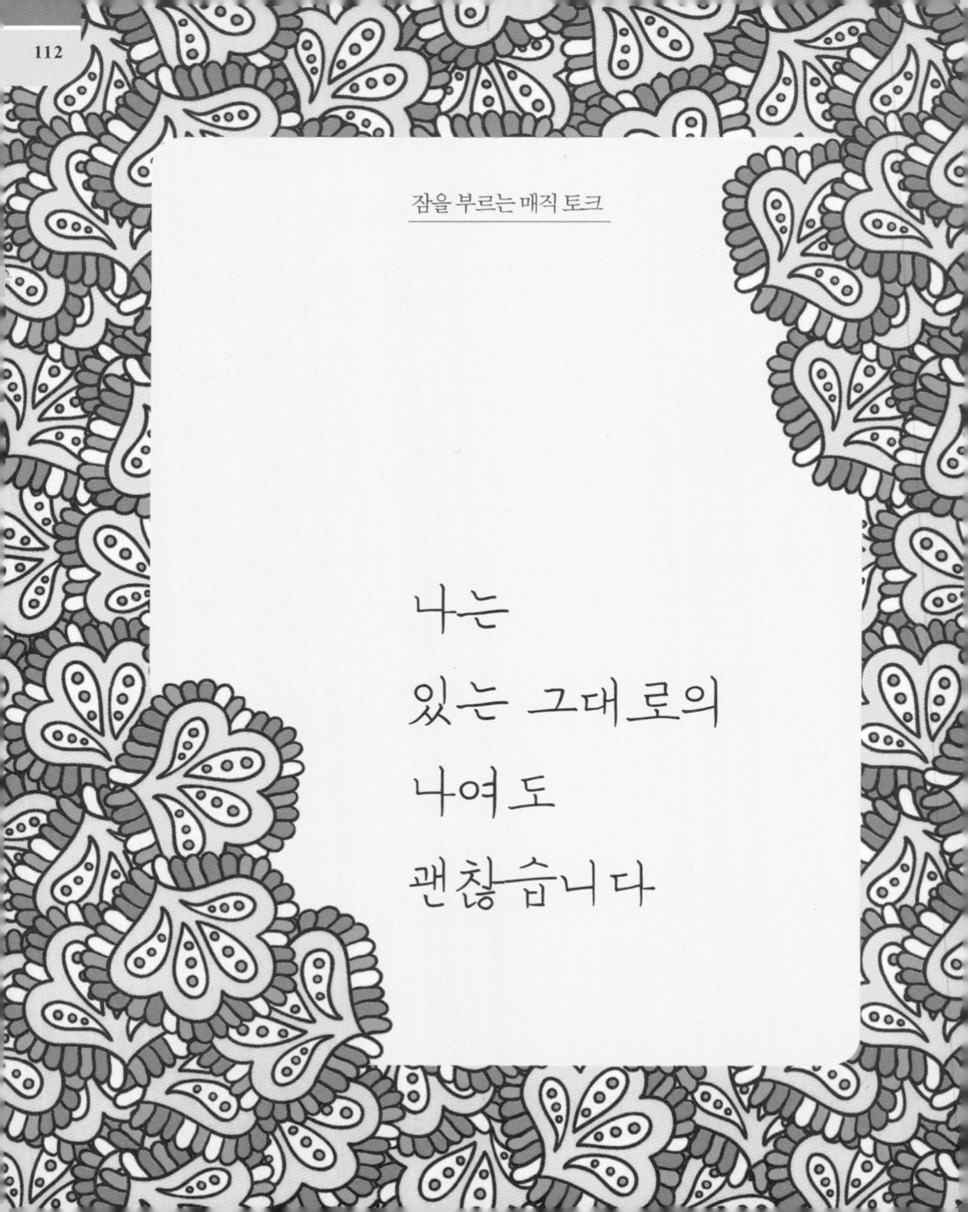

나는

있는 그대로의

나여도

괜찮습니다

34 자신을 받아들이기

자신이 완벽하지 않다는 생각은 자존감을 해치고 밤에는 수면을 방해합니다. 감정뇌 훈련법의 '합리적 기대'란 개념을 바탕으로 한 이 기법은 자신을 받아들이는 연습입니다. 허구에 불과한 '완벽함'을 버리고, 있는 그대로의 자신을 허락하는 연습을 해보겠습니다.

1 호흡을 고르며 천천히 눈을 감습니다. 거울 앞에 선 자신을 상상해봅니다.

2 거울에 비친 당신은 완벽하지 않습니다. 그런데 왜 완벽해야 하나요? 합리적 기대를 가지고 자신을 바라봅니다. 이제 어떤 기분인가요?

3 거울에 비친 나에게 말합니다. "지금 이대로 좋아." 거울에 비친 모습을 상상하며 반복합니다. 눈을 뜨고 자신을 안아줍니다.

이 방법이 필요할 때

아침과 저녁에 해보세요.
시간이 갈수록 자신과의 대화가
편해질 것입니다.
매일 아침 일어났을 때와
잠들기 전, 실제로 거울에 비친
자신의 모습을 보며 해도 좋습니다.

35 분노 끄기

잠자리에 들어야 하는데 화가 삭혀지지 않을 때 시도해보세요. 분노의 감정은 보통 '원인'에 비해 지나치게 커지는 경향이 있습니다. 자신의 분노를 잘 살펴보고 색칠하기 등 집중할 수 있는 활동을 시도하세요.

이 방법이 필요할 때

분노를 유발하는 대상이
집에 있다면,
집으로 들어가기 전에
차 안이나 공원 벤치에서
이 방법을 시도해보세요.
저녁 시간이 평화로워야
숙면을 취할 수 있습니다.

1 분노를 유발한 대상은 누구인가요? 그에게 고마운 점 3가지를 적어보세요.

2 과거에 상대방과 다툼이 있었지만 잘 해결했던 경험을 떠올려보세요.

3 상대방이 당신이나 다른 사람에게 잘해준 일을 생각하고, 그 호의를 받거나 지켜보았을 때의 느낌을 떠올려보세요.

4 서로 화해하고 부드러운 말이나 포옹으로 저녁을 마무리하는 상상을 해보세요.

옆 페이지를 색칠하면서 분노를 가라앉히세요.

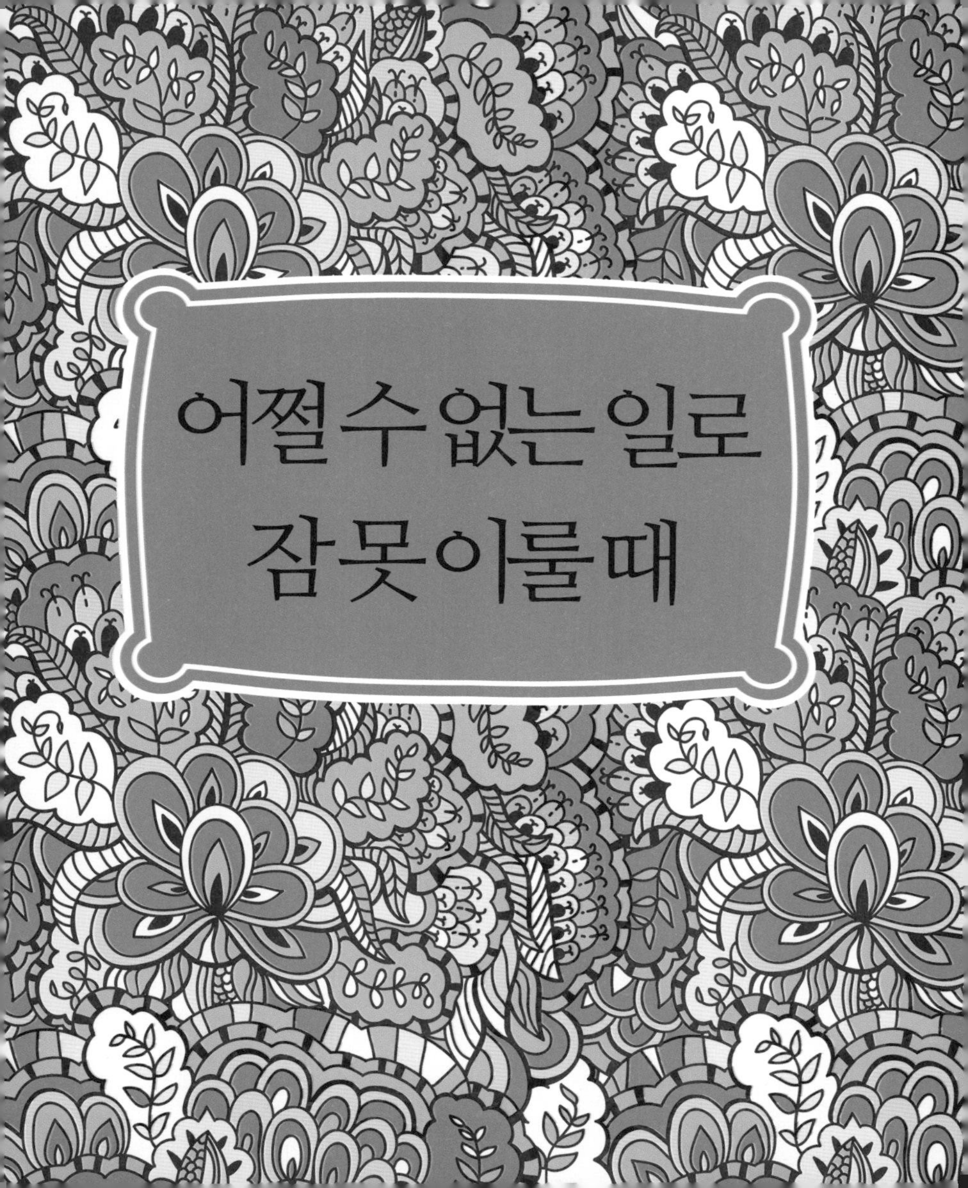
어쩔수 없는 일로
잠못이룰때

사람마다 수면의 필요조건이 다릅니다. 또 남보다 많이 자야 하는 사람도 있습니다. 아이들은 어른보다 더 많은 잠을 필요로 합니다. 그리고 나이가 들수록 잠이 적어지는 것은 자연스러운 현상입니다. 하지만 밤중에 자주 깨거나 수면 부족으로 계속 졸린다면 수면 무호흡증 등 수면장애의 가능성이 있으므로 전문가의 도움을 받아야 합니다.

수면 문제 중에는 외부적 상황에 기인한 것도 있습니다. 달의 주기나 계절 같은 자연 현상 때문일 수도 있고, 사랑하는 사람과의 이별 등 고통스러운 사건일 수도 있습니다. 지금부터는 통제할 수 없는 외부 상황이 수면을 방해할 때 사용할 수 있는 기법들을 알려드리겠습니다.

36 보름달에 대처하기

인류는 오래 전부터 보름달이 우리 몸에 이상을 미친다는 사실을 알았습니다. 흔히 보름달이 뜬 밤은 '광기'나 '불안'으로 상징됩니다. 스위스 바젤 대학교 연구진은 달이 차오를수록 수면 호르몬인 '멜라토닌'의 수치가 낮아져 수면의 질이 떨어진다는 사실을 발견했습니다. 다음은 보름달이 잠을 방해할 때 쓸 수 있는 방법입니다.

1 잠자리에 들 생각을 하면서 눈을 감고 보름달을 떠올립니다. 하늘의 탐조등처럼 둥글고 환한 달이 보입니다.

2 달이 점점 더 커지더니 밤하늘을 완전히 뒤덮었습니다. 세상은 낮보다 더 밝아집니다.

3 달이 다시 작아지는 모습을 상상합니다. 점점 작아지더니 먼 별처럼 작고 희미한 점이 됩니다. 이제 마음이 차분해지고 몸이 나른해지는 것을 느낍니다.

이 방법이 필요할 때

보름달이 차오를 시기가 되면,
잠자리에 들기 전에 시도해보세요.

TIP

암막 커튼이나 블라인드를 이용해
침실을 어둡게 만들면
수면에 도움이 됩니다.

37 음악에 맞춰 꼼지락거리기

자다가 가위에 눌린 경험이 있나요? 수면 중 마비는 당신만 겪는 일이 아닙니다. 가위 눌림은 스트레스나 수면 부족의 신호일 수 있습니다. 지금 소개할 시각화는 인지행동치료에서 사용하는 것으로 '실제 느낌과 다르게 생각하고 행동하기' 기법을 응용한 것입니다.

1 누운 채로 편안히 있습니다. 모두 다 괜찮다고 자신을 위로합니다.

2 피아노로 가장 좋아하는 곡을 연주하는 상상을 합니다. 실제로 피아노를 칠 줄 몰라도 상관없습니다. 뒤에 놓인 낡은 축음기에서 음악이 흘러나온다고 상상하면서, 머릿속 멜로디에 맞춰 연주를 계속하세요.

3 눈을 뜨고 음악에 맞춰 발가락을 움직입니다. 다시 눈을 감고, 손가락과 발가락을 함께 움직입니다. 가위에 눌려 있을 때도 움직일 수 있다는 사실을 자신에게 알려주세요.

이 방법이 필요할 때

자연스러운 습관이 되도록
규칙적으로 실시합니다.
깨었을 때나 잠들었을 때,
가위가 눌려도
두려워할 필요가 없음을
자신에게 알려주는 방법입니다.

38 채널 바꾸기

잠자리에 들었는데 두려운 이미지가 계속 떠오를 때 유용한 방법입니다. 아이들에게 흔한 '야경증NIGHT TERROR'에도 활용할 수 있습니다. 편두통이나 스트레스, 수면 부족, 고열에 시달릴 때 나타나는 '성인 야경증'은 '하지불안 증후군'이나 '수면 무호흡증'처럼 수면장애와도 관련이 있습니다.

1 자리에 앉아 눈을 감고 TV를 시청하는 상상을 합니다. TV에 나오는 채널들은 당신의 무의식 흐름을 나타냅니다.

2 리모컨으로 채널을 계속 돌리는 상상을 합니다. 이 시간대는 살인이나 전쟁, 공포물이 주로 방송되지만, 당신은 채널을 바꿀 수 있습니다.

3 아름다운 정원에서 웃고 있는 사람들이 나오는 채널로 바꿉니다. 화면이 바뀌자 당신의 몸과 마음도 좀 더 편안한 상태가 됩니다.

4 눈을 뜨기 전에 상상의 리모컨에 주의를 집중합니다. 잠들었을 때나 깨어날 때나, 항상 리모컨이 옆에 있다고 상상합니다.

이 방법이 필요할 때

잠자기 전에 10분만 실행하면,
훨씬 편안해진 상태로
잠들 수 있습니다.
시간이 지날수록 밤의 공포는
달콤함으로 바뀝니다.

39 햇살 충전하기

유독 가을과 겨울에 수면장애를 겪는다면, 계절성 우울증SAD을 의심해봐야 합니다. SAD를 갖고 있는 사람은 '멜라토닌'의 수치가 높습니다. 겨울 아침, 일어날 시간인데도 밖이 어둡다면 잠에서 깨기가 어려워지는 것입니다. 다음은 SAD를 자연스럽게 물리칠 수 있는 햇살 시각화 기법입니다.

1 해가 저물 무렵, 자리에 앉아 눈을 감습니다. 일 년 중 낮이 가장 긴 날, 당신은 야외에 나와 있습니다. 어디선가 산들바람이 불어오고 따뜻한 햇살이 얼굴을 간지럽힙니다.

2 하늘을 올려다봅니다. 눈부신 햇살이 더욱 강렬하게 느껴집니다. 햇살이 당신의 온몸에 스며들었다고 상상해보세요.

3 햇살이 가득 충전된 느낌을 간직한 채 눈을 뜹니다. 밖은 이미 어둑해졌지만, 당신은 내면의 햇살로 빛나고 있습니다.

이 방법이 필요할 때

매일 시도해보세요.
SAD를 물리치려면
밖에 나가 햇살을 많이 쬐는 것이
중요합니다. 내키지 않더라도
매일 20분 산책을 습관으로
만드세요. 만약 증상이 심하면
광선요법과 약물치료가
도움이 될 수도 있습니다.

수면 건강을 개선하는 5가지 방법

코골이 증상이 심하면 치료를 받으세요.

영양가 있는 식단으로
적당한 체중을 유지하세요.

규칙적으로 운동하세요.

수면장애가 자주 발생하면 병원을 찾으세요.

낮잠은 되도록 피하세요.

40 올빼미와 함께

잠이 오지 않아 짜증이 날 때 쓸 수 있는 시각화 기법입니다. 우선 잠 못 이루는 자신을 회유하거나 비난하지 않아야 합니다. 회유나 비난은 전혀 효과가 없으니까요. 마음챙김 명상의 핵심이라 할 수 있는 '허용'을 통해 잠들 수 있는 가능성을 열어 두어야 합니다.

1 눈을 감고 올빼미를 상상합니다. 근처 나무에 앉은 올빼미가 큰 눈으로 당신을 내려다보며 시끄럽게 울어댑니다. 피곤한 당신은 잠을 이룰 수 없습니다.

2 짜증이 난 당신은 올빼미에게 조용히 하라고 소리칩니다. 하지만 올빼미는 멈추지 않습니다. 그때 이런 생각이 떠오릅니다. '올빼미는 울고 싶은 것뿐이야. 내가 자고 싶은 것처럼.' 당신은 이렇게 혼잣말을 합니다. "그래, 너와 나는 같은 처지구나. 그냥 이대로 두자."

3 말과 동시에 곧바로 마음이 편안해집니다. 올빼미도 마찬가지인 모양입니다. 올빼미는 어둠 속으로 날아가고, 마침내 고요함이 찾아옵니다.

이 방법이 필요할 때

잠자기 전이나
잠이 오지 않을 때
5분 동안 실시합니다.
'왜 잠들지 못하는 거야?'라고
하는 마음속 '비판자'가
올빼미처럼 날아가 버립니다.

41 침대 리셋하기

사랑하는 사람과 이별했을 때, 침대는 상실감이 가장 크게 느껴지는 장소가 됩니다. 지금 알려드릴 방법은 침대와 침실이 다시 안전한 성소가 되도록 해 주는 감정뇌 훈련 기법입니다.

1 편안한 자리에 앉습니다. 눈을 감고 지금까지 몇 킬로미터를 걸어 왔다고 상상합니다. 마침내 조용하고 멋진 장소가 나타난 것입니다. 그것은 방일 수도 있고 들판일 수도 있습니다. 또한 건초가 깔린 다락방이나 고운 모래가 펼쳐진 해변일 수도 있습니다.

2 주변에서 음악이 흘러나옵니다. 여기는 세상에서 가장 안전한 곳입니다.

3 먼 길을 온 당신은 여기서 잠깐 쉬어가기로 합니다. 편안하게 몸을 누이자, 잠이 쏟아집니다.

4 상상의 낮잠을 즐기면서, 안전한 장소의 이미지를 당신의 방, 당신의 침대로 가져옵니다.

이 방법이 필요할 때

30일 동안 매일
잠자기 전에 시도해보세요.
점차 혼자 잠드는 시간이
익숙해지고, 침대가 편안하고
매력적인 장소로
느껴질 것입니다.

42 볼륨 줄이기

만성 통증으로 숙면에 어려움을 겪을 때 유용한 방법입니다. 물론 가장 중요한 것은 병원의 치료지만, 심상 기법을 통해 통증을 악화시키는 긴장과 두려움에서 벗어날 수 있습니다. 색칠하기처럼 집중해서 해야 되는 일도 잠시나마 고통을 잊게 해줍니다.

이 방법이 필요할 때

통증 때문에 잠에서 깰 때나 잠이 오지 않을 때 실시하세요. 148페이지에 나오는 방법도 도움이 될 수 있습니다. 단, 통증의 원인과 관리에 대해서는 항상 전문가의 도움을 받아야 합니다.

1 최대한 편안한 상태에서 호흡에 집중합니다. 숨을 들이마시면서 "릴", 숨을 내쉬면서 "랙스"라고 소리 내어 말할 수도 있습니다.

2 당신이 느끼는 고통을 짜증나는 소리로 바꿔보세요. 드릴 소리, 사이렌 소리, 벌이 윙윙거리는 소리 등입니다. 이제 그 소리에 집중하세요.

3 당신은 시끄러운 소리의 볼륨을 줄입니다. 시끄러운 소리가 점점 작아져 거의 들리지 않게 됩니다.

옆 페이지를 색칠해보세요. 마음이 고통에서 벗어납니다.

새로운 하루와
포옹하기

기분 좋은 밤은 상쾌한 하루를 약속합니다. 또 상쾌한 하루는 기분 좋은 밤을 보장합니다. 연쇄반응이라 할 수 있습니다. 잠이 잘 오게 하는 아주 쉬운 방법이 있습니다. 매일 아침 규칙적으로 일찍 눈 뜨는 것입니다. 아침에 일찍 일어나는 것만으로도 밤에 잠이 잘 오고, 일의 생산성이 올라갑니다.

하루 중 첫 식사도 연쇄반응을 일으킨다는 사실을 아십니까? 영양이 풍부하고 건강한 음식을 먹고, 잠을 방해하는 설탕과 카페인의 섭취를 피해야 합니다. 낮 시간엔 충분히 햇빛을 쬐고 신선한 공기를 마심으로써 체내 시계에게 낮 시간임을 알려주어야 합니다. 지금부터 숙면을 도와주는 아침 전략과 낮 전략을 소개하려고 합니다.

STAY ACTIVE

43 빌보드 읽기

잠이 부족한 상태에서 일을 해야 할 때가 있습니다. 마감 기한 때문이든, 수면 문제 때문이든 인지행동치료가 도움이 됩니다. 해야 할 일을 자신에게 글로 지시하는 방법이 그중 하나입니다. 머릿속에 목록을 가지고 있으면 행동에 엄청난 차이가 생깁니다.

1 기분 좋게 도로를 운전하는 상상을 합니다. 도로는 텅 비어 있고 오직 당신의 차뿐입니다.

2 1마일을 갈 때마다 대형 빌보드가 하나씩 서 있습니다. 빌보드엔 커다란 글씨로 해야 할 일이 적혀 있습니다. 당신은 지나가면서 글을 읽습니다. "명상하기, 햇빛 쬐기, 물 마시기, 움직이기."

3 빌보드 4개를 지나자 빌보드가 사라집니다. 몇 킬로미터를 더 달리자 빌보드가 아까와 똑같은 순서로 나타납니다. "명상하기, 햇빛 쬐기, 물 마시기, 움직이기." 이제 외울 정도가 됩니다.

이 방법이 필요할 때

일하는 중에 졸음이 쏟아질 때 시도해보세요. 하루 동안 빌보드에 나온 문구대로 실천하려고 노력하게 됩니다.

44 아침 챙겨 먹기

아침은 하루 세끼 중에서 가장 중요합니다. 아침을 거르면 소화와 신진대사에 좋지 않은 영향을 미쳐서 밤의 수면까지 방해 받기 쉽습니다. 활기찬 낮과 편안한 밤을 위해 아침 메뉴를 바꿔보세요.

1 설탕 입힌 시리얼보다 무슬리와 신선한 요구르트를 추천합니다. 과일맛 가당 요구르트보다 무가당 플레인 요구르트가 좋습니다.

2 커피는 오전에 마십니다. 카페인의 효과는 최대 7시간 지속되므로 오후 커피는 삼가는 것을 권합니다.

3 흰 빵보다는 통밀빵이 좋습니다. 통곡류는 혈당을 천천히 올려주므로 오전이 다 가기 전에 허겁지겁 도넛을 먹을 확률이 줄어듭니다.

4 가끔 수란을 먹거나 베이글에 저지방 치즈와 자타르 중동의 허브 믹스를 곁들여보세요. 겨울에는 신선한 베리류를 곁들인 오트밀도 좋습니다.

이 방법이 필요할 때

건강한 식단은 숙면의 중요한 조건입니다. 아침식사를 기준 삼아 점심과 저녁 메뉴도 건강하게 조합해보세요.

45 굿모닝 매뉴얼

밤의 휴식이 끝나는 아침이 반갑지 않게 느껴지는 사람도 있습니다. 아침에 눈뜰 때 간단한 마음챙김 명상을 함으로써 아침을 환영하게 되고, 잠에서 깨어나는 변화를 즐기게 됩니다.

1 일어나자마자 물을 한 잔 마십니다. 침대 옆에 물병을 놓아두고 자는 것이 좋습니다. 물이 입안을 지나 목으로 넘어가는 느낌에 집중합니다.

2 창문을 열어 날씨와 바깥세상의 감각을 느끼며, 코로 심호흡을 합니다. 이것이 오늘의 첫 느낌입니다.

3 가볍게 스트레칭을 합니다. 두 팔을 위로 쭉 뻗은 후 몸을 숙여 발가락에 닿게 합니다. 무리하지 않는 선에서 하세요.

4 오늘 당신을 기다리고 있는 좋은 일을 떠올립니다. 살아 있다는 것은 좋은 일입니다!

이 방법이 필요할 때

이 마음챙김 기법이
아침의 일과가 되도록 하세요.
행복감도 커지고
일의 능률도 올라갑니다.
이 기법에 포함된 동작들은
현재에 집중하기 위해
하루 중 언제라도
활용할 수 있습니다.

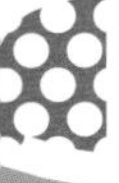

46 아침 컨디션 체크하기

잠은 건강한 삶을 위한 필수 요소입니다. 하지만 대부분의 사람들은 잠에 관심이 없습니다. 심지어 잠을 적게 자고 견디는 것이 건강하다는 증거라고 생각합니다. 이런 생각은 정말이지 잘못된 것입니다. 옆 페이지의 간단한 퀴즈는 충분한 수면의 장점을 일깨워 잠에 대한 태도를 바꿔줍니다.

이 방법이 필요할 때

아침 기분이 어떤지 평가해보면
잠이 얼마나 중요한지
깨달을 수 있습니다.

1 알람 소리에 잠에서 깹니다. 만약 잠이 완전히 깨지 않는다면 잠시 시간을 내어 자신의 감정을 둘러봅니다.

2 머릿속에 옆 페이지의 질문을 떠올립니다(이 책을 침대 옆에 놓아두세요).

3 당신의 답을 생각해보세요. 'NO'가 하나라도 나왔다면 숙면을 취하지 못했다는 의미입니다. 숙면을 우선순위로 두지 못하게 만드는 원인이 무엇인지 자세하게 살펴보고 장애물을 하나씩 제거해나가야 합니다.

□ 예 □ 아니오

지난밤 충분히 잔
느낌이 드나요?

□ 예 □ 아니오

당신이 원하는 형태의
수면을 취했나요?

□ 예 □ 아니오

지난밤 잠이 오늘 컨디션을
최상으로 만들어줄까요?

□ 예 □ 아니오

당신이 오늘 계획한 일을
해낼 수 있을까요?

□ 예 □ 아니오

오늘 하루를 위한 건강과
활기를 충전했나요?

47 몸 스캔하기

아침에 일어나서 몸이 뻐근하다면 기분 좋은 하루를 시작하기 어렵습니다. 아픈 곳을 돌보는 일은 매우 중요합니다. 올바른 자세로 자고, 자기 전에 스트레칭을 하고, 잠자리가 쾌적했는데도 뻐근하다면 지금부터 알려주는 마음챙김 기법을 통해 통증 문제를 해결할 수 있습니다.

1 침대에 누운 상태로 가장 아픈 부위를 찾습니다. '온몸'이라고 생각하고 싶은 유혹을 떨쳐내야 합니다.

2 머리부터 발끝까지 몸을 스캔하면서 천천히 가장 뻐근한 부위를 찾아나갑니다. 집중력이 흐트러지지 않도록 주의하세요.

3 통증에서 호흡으로 주의를 옮깁니다. 들이마시는 숨은 '치유' 내쉬는 숨은 '용서'라고 생각하세요. 치유의 숨을 들이마신 후 10초간 꾹 참으며, 마신 숨이 뻐근한 팔다리로 전해지도록 합니다. 10초 후, 용서를 떠올리며 숨을 내쉽니다.

4 치유의 숨결이 모든 통증 부위에 전해지고 마음에 용서가 자리 잡을 때까지, 이 과정을 반복하세요.

이 방법이 필요할 때

아침에 일어나자마자,
그리고 밤에 잠자리에 들 때
10분간 실시하세요.
몸에 통증이 있거나
불편한 긴장 상태와
소화불량을 해소하고 싶을 때도
시도해보세요.

행복한 아침을 만드는 5가지 방법

필요한 준비는 자기 전에 미리 해놓습니다.

포스트잇에 긍정적인 생각을 적어
잘 보이는 곳에 붙입니다.

알람이 울리자마자 일어납니다.

서두르지 않도록 준비 시간을 충분히 잡습니다.

간단한 운동이나 스트레칭을 합니다.

48 벌떡 일어나기!

아침에 알람이 울리면 바로 일어나지 않고, 스누즈SNOOZE 버튼을 누르고 조금 더 자는 습관을 없앨 수 있는 방법입니다. 전문가들의 연구에 따르면, 수면 사이클의 마지막 단계에서는 조금 더 자봤자 질 좋은 휴식을 취하기 어렵고, 오히려 낮에 더 피곤해질 수 있다고 합니다.

1 알람이 울리면 보통 때처럼 스누즈 버튼을 누릅니다. 하지만 다시 잠드는 대신 좀 더 자고 싶어 하는 마음과 거래를 하는 것입니다. 당신은 2가지 작은 과제를 마치면 다시 잘 수 있습니다. 그중 하나는 이불을 걷고 일어나는 것, 나머지는 뭐든 좋습니다.

2 일단 일어났다면 그냥 앉아 있어도 좋습니다. 다시 알람이 울리면, 현재의 기분 상태를 확인해보세요. 자고 싶던 마음이 사라진 것이 느껴지나요? 그렇다면 내일도 이 방법을 써야겠다는 동기 부여가 됩니다.

이 방법이 필요할 때

매일 아침 시도해보세요! 이 방법을 꾸준히 활용하면 체내 시계가 리셋되는 효과를 볼 수 있으므로 깨어 있는 시간을 최대한 활용할 수 있습니다.

49 우주의 낮잠

낮잠을 자면 밤에 잠이 오지 않는다고 생각하세요? NASA가 우주비행사들을 대상으로 실시한 연구 결과, 20~30분의 미니 낮잠이 집중력을 높여주는 반면 밤의 수면에는 영향을 미치지 않는다는 사실이 밝혀졌습니다. 감정뇌 훈련법은 건강과 관련된 욕구를 가장 우선시하라고 합니다. 다음은 밤의 수면을 방해하지 않는 미니 낮잠 기법입니다.

1 눈을 감고 당신이 우주비행사가 되었다고 상상해보세요. 체중이 느껴지지 않는 무중력 상태여서, 당신은 서 있는지 누워 있는지 확실하게 알 수 없습니다. 다만 고요하고 가벼운 상태에서 우주선 안을 떠다니고 있습니다.

2 우주선 밖에는 우주의 침묵이 가득합니다. 당신이 머무는 우주선은 가끔 기계 소리가 들리지만 익숙해져서 전혀 방해가 되지 않습니다. 당신은 둥둥 떠다니며 기분 좋은 낮잠을 잡니다.

이 방법이 필요할 때

잠이 부족하거나,
장거리 비행으로 인한
시차 때문에 수면 패턴이
무너졌을 때 유용한 기법입니다.
낮잠은 오후 3시 전에 끝내야
밤의 수면에 방해가
되지 않는다는 사실을
기억해두세요.

50 고요한 아침 맞기

보통 아침은 하루 중 가장 정신없는 시간입니다. 하지만 아침형 인간이 아니더라도 차분한 아침을 보낼 수 있습니다. 감정뇌 훈련은 작은 보상을 통해 감정뇌를 리셋함으로써 스트레스를 줄이고 성취감을 높일 수 있다고 합니다.

이 방법이 필요할 때

매일 활용해보세요.
매일 저녁, 내일 입을 옷과
간단한 아침거리를
준비해 놓으면 아침의
소박한 즐거움을
더 느긋하게 즐길 수 있습니다.

1 아침에 일찍 일어남으로써 생긴 여유를 자신만의 작은 즐거움으로 활용합니다. 감사한 마음으로 티타임을 즐겨도 좋고 읽고 싶던 책을 읽거나 색칠하기를 해도 좋습니다.

2 아침엔 여유가 있더라도 이메일이나 SNS를 보지 않습니다. 뉴스 보기도 피하는 것이 좋습니다.

3 산책하듯 여유로운 마음으로 '걷기' 자체를 즐깁니다. 오늘도 좋은 일이 많이 생길 것이라 생각하며 걷는다면 더 좋습니다.

옆 페이지를 색칠하며 차분한 아침을 맞이하세요.

지금 나는
깊고 편안한 잠을
받아들일
준비가
되었습니다

오늘도 잠 못 드는 그대에게

초판 1쇄 | 2018년 1월 12일

지은이 | 알린 K. 엉거
옮긴이 | 정지현
펴낸이 | 설응도
펴낸곳 | 아티젠

편집주간 | 안은주
편집장 | 최현숙
편집팀장 | 김동훈
편집팀 | 고은희
디자인 | 김현미
영업 · 마케팅 | 나길훈
전자출판 | 설효섭
경영지원 | 설동숙

출판등록 | 2015년 1월 9일(제2015-000011호)
주소 | 서울시 서초중앙로 29길(반포동) 낙강빌딩 2층
전화번호 | 02-466-1283
팩스번호 | 02-466-1301
전자우편 | 편집 editor@eyeofra.co.kr 마케팅 marketing@eyeofra.co.kr
경영지원 management@eyeofra.co.kr

ISBN : 979-11-88221-03-5 04180
979-11-88221-01-1 04180(세트)

아티젠은 라의눈출판그룹의 브랜드입니다.